上海抗战与世界反法西斯战争系列丛书

淞沪

淞沪抗战史料丛书

第五辑

淞沪御侮记	沃邱仲子　著
挥戈录：上海战事记载	民声出版社　编
十九路军血战抗日之真相	抗日急进会　编

上海科学技术文献出版社
Shanghai Scientific and Technological Literature Press

图书在版编目（CIP）数据

淞沪抗战史料丛书第 5 辑：淞沪御侮记、挥戈录：上海战事记载、十九路军血战抗日之真相 / 沃邱仲子，民声出版社，抗日急进会编著．—上海：上海科学技术文献出版社，2015.4
（上海抗战与世界反法西斯战争系列丛书）
ISBN 978-7-5439-6588-1

Ⅰ.①淞… Ⅱ.①沃…②民…③抗… Ⅲ.①一·二八事变—史料 Ⅳ.①K264.310.6

中国版本图书馆 CIP 数据核字（2015）第 035749 号

本书由上海文化发展基金会图书出版专项基金
上海市哲学社会科学规划课题资助出版

责任编辑：张　树　　李　莺
封面设计：周　婧

丛书名：上海抗战与世界反法西斯战争系列丛书
书　名：淞沪抗战史料丛书第五辑：淞沪御侮记、挥戈录：上海战事记载、十九路军血战抗日之真相

沃邱仲子　民声出版社　抗日急进会　编著
出版发行：上海科学技术文献出版社
地　　址：上海市长乐路 746 号
邮政编码：200040
经　　销：全国新华书店
印　　刷：常熟市人民印刷有限公司
开　　本：889×1194　1/32
印　　张：13.125
版　　次：2015 年 4 月第 1 版　2015 年 4 月第 1 次印刷
书　　号：ISBN 978-7-5439-6588-1
定　　价：118.00 元
http://www.sstlp.com

《上海抗战与世界反法西斯战争》系列丛书总序

徐　麟

伟大的中国抗日战争，是近代中国人民反对帝国主义侵略并且取得第一次完全胜利的民族解放战争，是开展时间最早、持续时间最长的世界反法西斯战争东方主战场。在这场历经十四年之久的抗日战争中，中国各族各界人民同仇敌忾、共赴国难，经过艰苦卓绝的浴血奋战，以巨大的民族牺牲，打败了穷凶极恶的日本法西斯侵略者，取得了辉煌的胜利。正如习近平总书记所指出的，中国抗日战争“为挽救民族危亡、实现民族独立和人民解放，为争取世界和平的伟大事业，作出了彪炳史册的贡献”。中国抗日战争是在中国共产党倡导的以国共合作为基础的抗日民族统一战线旗帜下进行和取得胜利的。以爱国主义为核心的伟大民族精神是中国抗日战争胜利的决定因素，中国共产党的中流砥柱作用是中国抗日战争胜利的根本保证，全民族抗战是中国抗日战争胜利的重要法宝。

上海抗战是中国抗日战争的重要组成部分。在中国抗日战争与世界反法西斯战争中，作为中国共产党的诞生地，上海这座具有反帝反封建光荣革命传统的英雄城市，发挥了独特的重要作用，作出了重大的历史性贡献。

20 世纪三四十年代，上海这座国际性的大都市，已经成为中国与世界各国通商贸易的主要港口，成为中国经济、文化中心和政治、外交副中心。同时，上海又是当时中国最大的军港和守卫长江的大门，具有重要的军事战略地位，因而始终成为日本法西斯军国主义觊觎的一个战略要地。1931 年九一八事变后，日本法西斯军国主义进而在上海挑起了一·二八事变，发动了对淞沪地区的武装侵略，驻守上海的十九路军和前来增援的第五军与上海人民奋起抵抗，给予日本侵略者以沉重一击，成为中国局部抗战历史进程中承前启后的关键性一役。九一八和一·二八时期的抗日武装斗争和民众抗日救亡运动，在世界上率先举起了反法西斯的旗帜，揭开了中国抗日战争和世界反法西斯战争的序幕。1937年七七事变后仅一个月余，日本法西斯军国主义又把侵略魔爪伸向上海，遭到中国爱国军民的顽强抵抗，形成了以上海为中心的一场气壮山河、震惊中外的八一三淞沪抗战。七七卢沟桥事变和八一三淞沪会战，标志着日本法西斯军国主义全面侵华战争的开始。在中国共产党的积极倡导和推动下，抗日民族统一战线正式形成，揭开了中国全民族全面抗战的序幕，也标志着世界反法西斯的第二次世界大战在亚洲的东方战场正式形成。在八一三淞沪抗战历时一百多天的日日夜夜，中国军队和上海人民以其鲜血和生命，筑成了一座民族自卫的血肉长城，谱写了一曲民族团结、共御外敌的壮丽史诗。上海沦陷后，上海民众在全国人民和全世界爱好和平的各国人民的声援、支持下，面对极其艰辛险恶的环境，仍然以大无畏的英雄气概，坚定不移地继续投身于全民族抗战的洪流，对日伪的法西斯统治进行不屈不挠的斗争。中国共产党始终高举抗日民族统一战线的伟大旗帜，发动民众，团结上海各界人士，从人力、物力、财力等方面支持抗日民主根据地和抗战大后方的斗争，冒着腥风血雨，迎接抗日战争的最后胜利。

两次淞沪抗战及上海民众在十四年中不间断的抗日救亡运动，构成了一幅幅上海抗战英勇悲壮的画卷，也铸就了上海在中国抗日战争和世界反法西斯战争中的重要历史地位：上海不仅是中国对日作战的一个坚强的军事战略重镇，也是中国抗日救亡运动的前期中心和中国抗战文化的发源地；不仅是支援抗战大后方和抗日民主根据地的重要基地，也是世界反战反法西斯人士和中外难民的庇护所，是世界反法西斯舆论战、情报战的东方主要阵地，又是中国联系国际反法西斯阵营的纽带和桥梁。更为重要的是，上海抗日战争凸显了其重要的历史意义：它在外敌入侵、民族危亡的关键时刻，全面地、全方位地弘扬了以爱国主义为核心的民族精神，折射了中华民族有同侵略者血战到底的气概、有在自力更生的基础上光复旧物的决心，有自立于世界民族之林的能力，上海抗日战争在中国抗日战争和世界反法西斯战争历史上树立了一座永不磨灭的丰碑。

今年是中国抗日战争暨世界反法西斯战争胜利七十周年。在中共上海市委的领导和支持下，上海学术界和理论界，经过多年的努力，联合推出了《上海抗战与世界反法西斯战争》系列丛书。这套系列丛书分为三个子系列，**一是上海抗日战争史丛书，**内中包括上海抗战史通论、一·二八淞沪抗战、八一三淞沪抗战、日军在上海的罪行与统治、上海人民抗日救亡运动、上海郊县抗日武装斗争、上海人民支援新四军与抗日根据地、抗战时期的上海经济、抗战时期的上海文化、上海抗战与国际援助等；**二是淞沪抗战史料丛书，**选辑和汇集民国时期有关上海抗战的具有代表性的通讯、纪实、回忆录及报告文学等鲜为人知的孤本、藏本影印重版；**三是上海抗战与世界反法西斯战争研究丛书，**其中包括：资料性著作：如记忆中的淞沪抗战、淞沪抗战中文报刊资料选编、淞沪抗战档案史料选编、上海抗战历史文献选编等；专题性著作：如中国共产党与上海抗战、当代学者论淞沪抗战、国外学者论淞沪抗战、一·二八淞沪抗战画史、八一三淞沪抗战画史等；工具性著作：如上海抗战与世界反法西斯战争大事年表、上海抗战与世界反法西斯战争事件人物录等；通论性著作：在上述论著的基础上完成一部通论性著作，即上海抗战与世界反法西斯战争全史。这三个子系列丛书各有千秋、各具特色，在集结出版后，更能起到互相参照、取长补短的作用。可以说，这套系列丛书是上海学术界和理论界研究上海抗日战争和世界反法西斯战争的一项重大的学术成果，是对上海抗日战争史研究的一个重要总结和一次集中展示，也是向中国抗日战争暨世界反法西斯战争胜利七十周年献上的一份厚礼！

“疑今者，察之古；不知来者，视之往”。历史是最好的教科书。《上海抗战与世界反法西斯战争》系列丛书的出版发行，更是为了向社会提供一部能够弘扬时代正能量、培育与践行社会主义核心价值观的好教材。让我们站在新的历史起点上，进一步铭记历史、缅怀先烈、珍视和平、警示未来，为实现中华民族伟大复兴而奋斗，为促进世界的和平和发展作出我们应有的贡献。

2015 年 3 月

出版说明

《淞沪抗战史料》丛书充分利用上海图书馆馆藏资源，将已见或未见的关于淞沪抗战史料以影印的形式出版，内容涵盖两次淞沪抗战，即一·二八淞沪抗战和八一三淞沪抗战，力求比较全面、翔实和生动地反映淞沪抗战的全貌。

两次淞沪抗战，是中国人民伟大的抗日民族解放战争的重要组成部分，特别是八一三淞沪抗战是在中国共产党的抗日民族统一战线政策的指引下，以国共两党的合作为中心，全国各爱国党派团体、中央和地方各系抗日军队、各界爱国民众以及海内外侨胞，在抗日御侮、共赴国难的基础上发动和进行的，堪称民族自卫战争史上的伟业。它体现了中国人民血洒沙场、拼死抗战的决心和民族团结精神。在抗战胜利70周年之际，阅读这些史料，重温那段中华民族优秀儿女面对强敌、誓死抗争的精神，就是最好的爱国主义教育。两次淞沪抗战展示了中华民族奋起改变自己国家命运的伟大信念，爱国主义激发出全体中国人民的巨大力量，这种信念和力量，在今天仍然弥足珍贵，令人心怀激荡。两次淞沪抗战中那些大气磅礴、气壮山河的史诗故事，均在本套丛书资料中有翔实的记录和质朴的史料作为佐证。

由于各种原因，原书中存在着印刷错误，而且有些细节也与史料不符，对书中的一些观点我们也不完全赞同，为了给读者提供最原始的抗战史料，对上述问题未做任何处理，希望读者能够给予理解。

编者

2015年3月

目　录

澎瀛鄉海記

郝康湛署檢

淞滬禦侮記目錄

淞滬禦侮記序

淞滬禦侮記口卷吾友費君敬仲撰民國二十一年二月十九路軍及第五軍抗日之戰溯原紀實所錄作也夫以吾國內亂頻年益以匪亂饑疫水患胡君言兵雖然自衛者人權神聖戰爭如甲午以還日挾其戰勝之威陵蔑我國往歲突侵遼瀋邊軍棄地如遺以入無人之境莫余毒吾國人汗且喘走相告莘莘學子請願示威相隨屬中樞久無和戰大計而天下自是怨感矣敵鋒日張而龐忌遂有去月襲攻淞滬

之舉先是敵以四事要我市府請於中樞正屈承矣而敵兵頑莫或稍戢我師赫然奮起自衛戰之興蓋弥月於茲、挫敵歐美咸相驚神武敵軍增援至十萬許不能攫我孤塞之一隅而巨艦飛機坦克鐵甲諸車所謂最新精利器械者我唯以血肉搏之殺敵且以萬計敵不獲逞而頻以講誘我舉沮義師當是時國人隕身毀家曾莫之恤而唯皇皇以轉饟備物扶傷裹創是謀覘國者肅焉知吾民之未易輕而吾軍之長雄於世無難也精誠所至物質為靈卅年積恥一朝而雪此其悲壯英烈之績宜有人焉為之大書特紀思以告天下視萬世表忠立懦將令群倫歌泣而為之紙田感歎弗釋者則蒐編之輯亦春秋檮杌意也抑聞古之史在官今之史在民至於夷狄侵陵華夏而我有捐軀衛國禦侮捍患之賢出於其間而吾民亦若視為死生患難之友休戚共之則古史之所闕殆而今世文明智勇秉筆書之足以俟方來而吾

整者雖往籍所傳張班傅甘宗岳陳聶之倫未或浚之而軍民同憤之麻乃獨卓越於今絕斯亦史家之寵榮庶幾當世聞而興起欽而奈何遽以之擬班師傳也悲夫

楊庶堪敘于上海

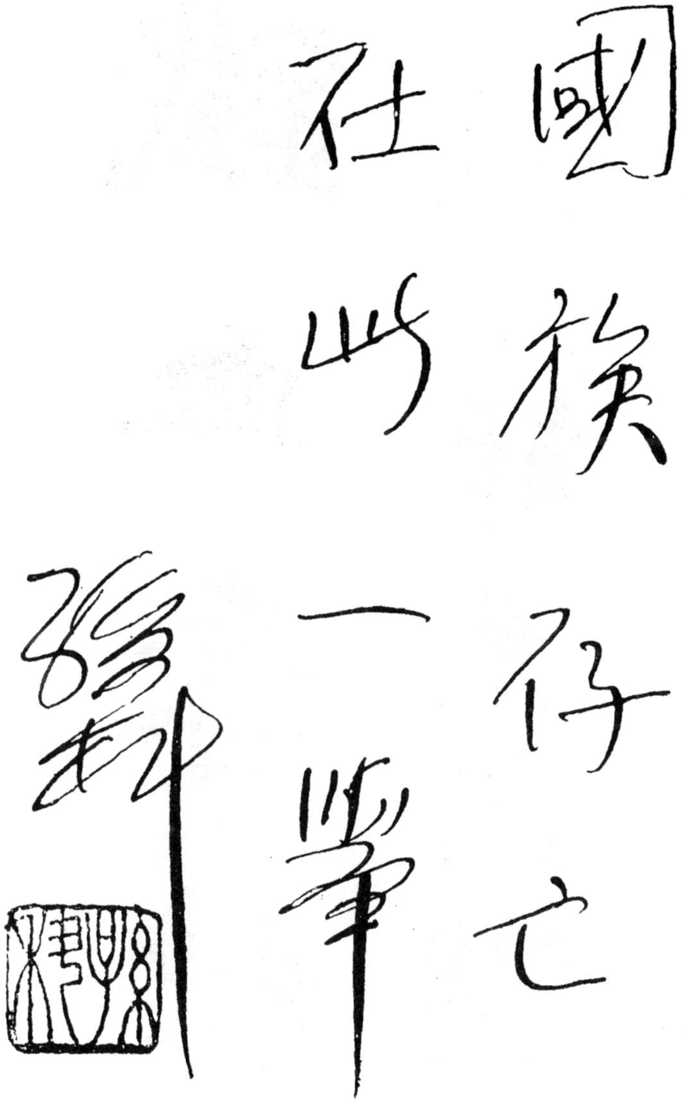
國族存亡
在此一舉
張羣

鐵血春秋

熊克武

為挽國命以犧
牲爭人格而流血

柏文蔚

明恥教戰

但懋辛題

自敘

著者少壯贊戎幕。所與共事者。半學成日本士官學校者也。盛道彼國治軍之專精。士氣之奮發及夫日俄戰爭中之武功。聞而憤且媿。歎吾國之泄沓弗振也。嗣游遼瀋三韓。目擊其軍容整齊。訓練精勤。而又熟知彼謀我之亟。用益悚然。以爲接此惡鄰。猶韓魏之于虎狼秦。吾終不得安枕矣。自入民國。內訌日烈。彼侵賊之計亦日毒。禍更迫眉睫。私所冀者。歐美諸强。或能牽制之耳。不圖歐戰終。向所稱强國者。半疲敝無力東顧。彼則以工商吸我鎡貨。財用益饒。軍備益裕。當民十三。滇中楊耿光君。自彼陸軍大學還。爲備言其軍學軍械軍實之精且充。與其圖我之詭謀密計。中懷愈慄。慮國亡之無日。又接其駐滬武官岡村賜甯。則詆輕我諸路軍帥。若程不識之不値一錢。雖憤其驕。亦更引以內媿。自時厥後。而張雨亭吳興權戕于彼。濟南無端爲所據。暴戾橫行。若入無人境。

以爲夙所聞、與所懷慄懼、至是胥驗、吾行爲奴于倭矣、去年春井硏但怒剛君游日旋、所言謀我之狀、不殊曩聞、而獨謂其外摹文明、內實匱乏、窮氓咨怨、士吏骫骳、不出五年、必革命、革命亦必成、彼軍閥、妄圖我行自斃矣、聞而差慰、迨入夏萬寶山事作、彼侵略滿蒙策略昭然、著者在故都、接其人士、亦初不諱言、八月南來、嘗舉以告朋輩、尙多弗之信者、及九月十八而釁啓矣、南人頗致訾東北軍之怯、著者則以素知彼軍精强、恆爲張學良辨護、且深慮以抵抗而致大挫、唯私乞蒼旻、速彼內爭、籍紓我禍耳、嗣更北上、吳江沈賡梅君、歸自黑龍江、謂馬占山實殺敵踰二千、又聞天津公安局長王君率保安隊、擊斃叛匪幾三千人、皆彼軍官所指揮者、而其參戰之浪人亦與焉、氣誰爲之少振、然猶以小勝未可終恃也、及一二八滬戰作、彼大小兵艦五十餘艘、自吳淞口外、以至於浦江、環而綦列、日發巨礮。飛機百餘架、翺翔空中、周回乎淞滬蘇昆之間、擲彈無虛時、其陸軍則繼續至者、踰五師團、衆七萬餘、而佐以海軍陸戰隊五、千人。淚人預戰事者又數千。所用利器則鐵甲車百餘輛。坦克車數十輛。重砲野戰砲數百尊。甚至用及達母斯毒彈。假蘇州河北公共租界爲根據地。昕夕攻我。至今遂彌月矣。我十九路軍初以孤軍應敵而彌月陣綫如故且曾衝鋒入彼防地。奪其砲械以歸。彼來攻者。明進或暗襲。莫不迎頭痛擊。令其披靡狼狽而逃。斃其士兵幾二萬俘其軍官多人。獲其器械無算時擊墜其橫行之飛機。彼凡三易帥。今更代以善戰之大將北川。西人之作壁上觀者。莫不盛誇我軍之沈毅果敢。著者至是始恍然知物質之不可恃。而精神之不可侮。驕恣者之終必敗。而悲憤者之終必伸也。向所抱之深畏大懼。輒豁然以祛。復證諸往者德俄之事。知彼恃强憑陵。賊人以逞者。其强徵之士。無告之氓。已礪鋒以伺之矣。於是排比曩聞。爲日禍溯原記。復據所聞見。排日以紀戰事。更附以論議。匪曰著書。蓄往疑吾軍之不足制敵。必不止著者一人。其弗處滬上者。傳聞異詞。或不盡悉戰况。是書出。庶幾畏者釋其疑。居異地者。若目擊焉。由是而引申我同仇之志。堅結我拒敵之心。振興我勇敢之氣。則斯書或不無微補云。且敢推一己之思慮經歷。以告讀者。往時之持不抵抗主義者。容或有其苦心危慮。未可並加以苛責。居今日而猶持不抵抗主義者。是則別有肺腑。不得不視爲國人之叛徒。他族之奴廝矣。若夫假抵抗爲口號。而暗行其媚敵計劃者。則心尤可誅。我四萬萬弗甘爲奴之國民。其何以處之。民國二十一年國軍禦侮彌月紀念日。著者自敘。

凡例

一是書紀載此次淞滬戰事。自一二八起。至三一八止。為第一集。仍繼續編纂第二集。以饗國人。

一所記戰況。或為本社社友親赴戰地實地觀察之所得。或輯自海上各報之確訊。更取證於軍事當局所發正式之戰報。一取翔實。非竊取報紙。草率成書者比。

一箸者於廿三年前居奉天。適日之伊藤博文。經奉赴哈。與俄締攘我蒙滿密約。當彼將至。其總領事小池張造照會我國。預備共同歡迎。我允其請。於南滿俄路公所。盛設待之。乃彼忽派憲兵多人來。先將我國旗撤去。時任交涉使者。為韓國鈞。再四申辨。彼置不理。伊籐既至。我督撫迓之。彼閉目踞坐驕恣。自矜。且謂關東之地。由日本取諸俄人。以讓歸中國。中國不能自治。日本行將收回云云。其出言無狀若此。故當日卽深知彼族之蠻橫。遇其暴行。輒書諸日記。今日禍溯源記所載。特其大端。仍當另編日人暴行記發行。以堅我國人禦侮之志。

一本社所收戰事影片。及有關於戰事之圖畫甚多。當於續集內陸續印登。

一因國人同仇志切。爭欲先讀。故趕期出書。凡茲所記。罣一漏百。知所不免。若軍事當局。及目擊戰況與身居戰區。或身受敵軍殘賊之同胞。凡有能正我差誤。廣我聞見之箸錄。切望從速賜寄。循以續編。勿任企禱。

一前敵將士効忠致果。殲身疆場與夫義民俠士因謀敵殉難者。本社當另編滬戰忠義錄。以揚國光。

一東北當局。能速出師恢復失地。本社當另編關東驅寇記。沿海沿江各區。有能繼十九路軍而起者。本社亦當另爲編紀。以張忠勇。

十九路軍總指揮蔣光鼐

主戰拒敵之十九路軍軍長蔡廷楷

淞滬警備司令戴戟

七十八師師長區壽年及參謀長李擴

毛師長經壽　翁旅長照垣　張參謀長君變

我軍砲戰之整備

持望遠鏡者蔡廷楷
立左方者譚啓秀

閘北永興路我軍防綫之內容

寶山路一帶我軍之防綫

寶通路一帶我軍防綫之內容

眞茹被我軍擊落之敵機

敵之海軍陸戰隊登岸狀況

敵軍在老耙子路向我閘北防綫攻擊

敵軍在北河南路向我防綫攻擊

閘北被敵軍擊燬之民房

京滬總站被焚之情狀

商務印書館被焚之情狀

東方圖書館焚燬時之情狀

被敵軍慘殺之人民

淞滬戰區地圖

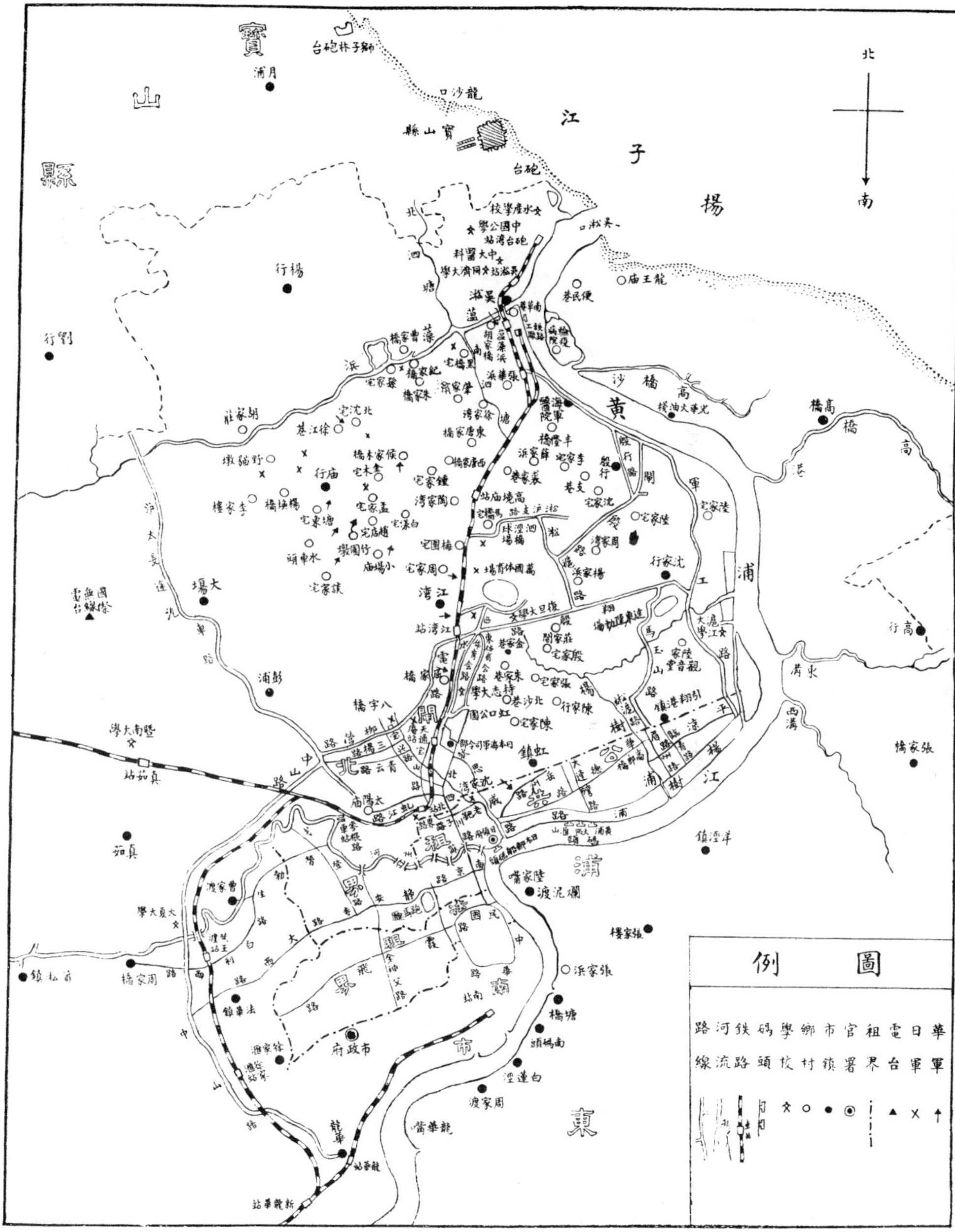

寶山縣
獅子林砲台
月浦
龍沙口
寶山縣
砲台
吳淞口
揚子江
北
南
楊行
劉行
水產學校
中國公學
砲台灣站
中大醫科
同濟大學
吳淞站
吳淞
龍王廟
便民巷
蘊藻浜
張華浜
高橋
黃浦
殷行
軍工路
沈家行
江灣
江灣站
大場
彭浦
廟行
高境廟站
萬國體育場
復旦大學
持志大學
八字橋
天通庵
閘北
虹口
虹口鎮
引翔港鎮
國際無線電台
暨南大學
真茹站
真茹
高行
東溝
西溝
張家橋
洋涇鎮
陸家嘴
爛泥渡
浦東
曹家渡
大夏大學
周家橋
法華鎮
徐家匯
南市
市政府
龍華
龍華站
新龍華站
周家渡
白蓮涇
塘橋
南碼頭
圖例
華軍
日軍
電台
租界
官署
市鎮
鄉村
學校
碼頭
鐵路
河流
路線

十九路軍全體軍官姓名表

總指揮部及六十師軍官姓名

總指揮	蔣光鼐
軍長	蔡廷楷
總參謀長兼參謀處長	趙一肩
副官處長	吳典
經理處長	葉少泉
副	黃和春
六十師師長	沈光漢
副師長兼參謀長	李盛宗
參謀處處長	陳心葆
副官處處長	梁維綱
軍械處處長	吳揚壽
軍需處處長	沈鎮源
軍醫處處長	馬覺凡
軍法處處長	陳權
工兵營營長	袁汝剛
特務營營長	梁得標
一百十九旅旅長	劉占雄
主任參謀	劉應時
第一團團長	黃茂權
第二團團長	劉漢忠

第三團團長　黃　廷
一百廿旅旅長　鄧志才
主任參謀　黃紹海
第四團團長　楊昌璜
第五團團長　梁佐勳
第六團團長　華兆東
第一團
第一營營長　陳正倫
第二營營長　譚　忠
第三營營長　張展鸞
第二團
第一營營長　陳　生
第二營營長　谷香圃
第三營營長　陳次彬

第三團
第一營營長　李　昆
第二營營長　劉幹廷
第三營營長　周剛如
第四團
第一營營長　梁　宏
第二營營長　關國安
第三營營長　鄒　融
第五團
第一營營長　廖水雲
第二營營長　湯毅生
第三營營長　梁鏡泉
第六團
第一營營長　李友尚

第二營營長

六十一師軍官姓名列后

師長　毛維壽
副師長　張炎
參謀長　趙錦雯
參謀處長　王衡
副官處長　馮策全
軍械處長　馬良驥
軍需處長　余蔭蓀
軍醫處長　李懋振
軍法處長　王貽錫
砲兵營長　馮紹甫
特務營長　丘清英

第三營營長　劉光
一二一旅長　張厲
主任參謀　溫少渠
第一團長　梁世驥
第一營長　朱炎暉
第二營長　王寶書
第三營長　古煌
第二團長　田興璋
第一營長　周克
第二營長　吳永山
第三營長　施堯章
第三團長　廖起榮

第一營長　劉樹福
第二營長　劉松生
第三營長　戴尉文
一二二旅長　張炎
主任參謀　鄧鄂
第四團長　謝鼎新
第一營長　丘世芬
第二營長　邱冒朝
第三營長　吳康楠
第五團長　黃鎮
第一營長　羅立夫
第二營長　陳茂光
第三營長　吳國焜
第六團長　鄭爲楫
第一營長　黃鎮中
第二營長　孫蘭泉
第三營長　李榮熙
教導團長　鄧敏夫
第一營長　彭孟濟
第二營長　唐愷
第三營長　李洪鈞

七十八師軍官姓名列左

師長　區壽年
副師長　譚啓秀

參謀長	李擴
參謀處長	王有德
副官處長	朱朝亨
軍械處長	王大文
軍需處長	黃裳元
軍醫處長	郭建民
軍法處長	劉宏道
特務營長	鄭星槎
一五五旅長	黃固
主任參謀	林少棠
一五六旅長	翁照垣
主任參謀	丘國珍
第一團長	雲應霖
第二團長	謝琼生
第三團長	楊富強
第四團長	鍾經瑞
第五團長	丁榮光
第六團長	張君嵩
第四團　第一營長	邱啓圻
第二營長	龍耀新
第三營長	梁文
第一團　第一營長	雲昌材
第二營長	羅盜
第三營長	蘇守峯
第二團　第一營長	林卓圻

第二營長　李金波
第三營長　黎冠雄
第三團
第一營長　蘇營河
第二營長　李炎燊
第三營長　馮岳
第五團
第一營長　熊彪
第二營長　黃康
第三營長　陳德才
第六團
第一營長　利長江
第二營長　吳康鎰
第三營長　吳履遜

原擬編纂各軍官小傳。以誌忠勇。因邇日前敵軍事倥傯。諸軍官歷略。尚未蘄得。現正催取。一俟編齊。當登於第二集中。以饗國人。

淞滬禦侮記

日禍溯原記

前清光緒乙亥。日人以我台灣土番。戕其商民。致牒總理衙門。要求懲兇卹金。不待答復。卽派其軍官西鄉從道。率師入台。且以兵船游弋澎湖。聲勢甚張。適沈葆楨方督治船廠於福州。清廷命其率提督唐定奎等渡台。而以總兵孫開華率水師駐廈門禦之。時日軍在台者。以不悉地理。數爲土番所敗。又聞葆楨等主戰力。窘甚。乃託英使爲轉圜。得撫銀五十萬。遂撤兵去。是役也。日兵歿於瘴癘。及爲土番所殺者。達千人。所獲卹金。微甚。然猶自誇大捷。晉從道等爵。所謂商民被戕於土番事。既渺茫。蓋欲假此以據台灣。非葆楨等備戰嚴。幾墜其術中。又四年而有滅我琉球之事。琉球世爲中國藩屬。朝貢册封等於朝鮮。且遣其子弟肄業我國學。視安南緬暹。內附情尤親至是日人突以兵犯其都城。執其君相。滅爲沖繩縣。清臣王先謙等請討日。而李鴻章畏事。謂水師不備。難越海遠征。竟置不問。彼燄益熾矣。又三年而有朝鮮內亂之事。先是西洋諸國。傳教通商於朝。朝人畏且忿。其朝臣有主親外者。王妃閔氏主之。有主排外者。王本生父李是應主之。兩黨勢若水火。日人實操縱其間。陰濟是應軍械。令攻闖王宮。復籍口保護僑民。出兵侵漢城。幸清提督吳長慶。率師船先登。迨日軍至。朝亂已平。是應亦爲長慶執送天津。無可啓釁。然猶縱兵焚掠。戕害朝之守土官吏始去。當時彼已變效西法。深慕英國殖民地。多垂涎朝鮮尤切。遂遣其重臣伊藤博文來與我議朝事。清廷任李鴻章主之。鴻章以望重貴倨。博文雖專使。不敢以敵體自居。執禮甚恭。鴻章悞以爲易與也。議約時頗不經意。及約定。則中有以後朝鮮有事。中日派兵。須互相知照之語。實鴻章爲所紿。而鑄此大錯也。及甲午。彼窺我朝廷方急木工。務游觀。軍備內隳。乃陰煽朝鮮東學黨爲亂。又以我駐朝委員袁世凱素嚴切。日以叛中國得自由。惑諸朝官。是年五月。東學黨得彼所濟械。遂作亂於漢城。亂作未旬日。彼已以重兵渡海。分踞朝境。其公使大鳥圭介。卽率兵圍王宮。逼朝王變法。清廷聞耗。亦遣葉志超率師赴之。時朝人頗悟彼之包藏禍心。亂黨多自解散。朝官半依世凱乞保護。清廷以亂平。照約勸其撤兵。彼不應。日日增軍。而以朝鮮非我屬國。須日本助其變法爲詞。清廷乃令鴻章與議善後。而彼卽攻我駐軍於平壤。復擊燬我高陞商輪於渤海。七月朔。清廷乃下令宣戰。時軍帥多老耄。軍械尤窳敝。海軍以統將某侵饟日肥。士不用命。戰遂大北。遼之金復海蓋安東鳳凰盡失。海軍根據地之旅順威海。亦爲彼有。清派侍郎張蔭桓等往議和。彼驅之。乃命李鴻章往。備受譏侮。竟訂馬關之約。賠軍費二百兆兩。割讓遼東地。暨台灣全境。許於蘇杭重慶等處闢租界。任朝鮮獨立。嗣以俄德法三國抗議。始删去割讓遼東一條。而另索賠三千萬。是約也。我國利權疆土損失既鉅。外侮日亟。俄德法相繼責酬報。遂分割膠澳旅大廣灣以去。英人乘之亦强租衛海。瓜分已兆。國人憤激致釀庚子拳禍。賠償至四百五十兆。京師劃使館界。津沽不准設戍駐兵。國權喪失甚於同時之土耳其。而實乙未日約所貽之害也。彼既得我償金。益築鐵路。開礦興工。財用日裕。更擴軍備。遽稱强國。亦實承我二百兆之賜也。然以俄人忌之切。干涉朝事。勳受詰責。而俄益整備波羅地海艦隊。以窺東方。彼懼甚。乃漸見好於我。且廣結關東俠民之大有力者。密布偵諜。以探俄事。又其國貧甚。人民習苦。且有所謂大和魂（和倭一聲之轉。彼以倭非美稱。故易曰和。）武士道之說。人以奮勇救國自任。故軍旅益振。甲辰日俄戰作。俄竟大敗。波羅地海艦隊全滅。攘我之遼東地盡失。以美人調解。罷戰締和。終畏俄强大。不敢索償金。僅得庫頁島瘠地一區與南滿洲鐵路煤礦與朝鮮爲彼保護國而已。然是役彼戰費踰三百兆。得不償失。則移而責報於我奉吉實業交通之權。日事攘奪。既據撫順本溪煤礦。又築安奉鐵道。金州民田。並强佔之。立植木公司於安東。護以兵輪。盡奪我鴨綠江木把之利。（土人稱販木者爲木把）故關東人有小鬼尤惡於大鼻子之諺。（小鬼指日，大鼻指俄。）吉林屬延吉。與朝鮮接壤。地沃饒。半未闢。戊申彼突以兵警侵入分據和龍峪諸地。而籍口地乃韓屬。兼爲彼殖民地。盡逐我沿邊戍兵。清廷大震。命陳昭常吳祿貞治邊務。喻彼撤兵事且二年餘。不得要領。我所置官吏則逐之。軍警則拒之。戕之。民田則攘之。無旬日不生事者。祿貞固强鯁。事多爭持。而終無如彼何。卽當世所宣傳之間島交涉也。先是安奉鐵路。原約後如另築。當先商我國。得我同意。始得改良。至是彼領事小池張造。來約改良。我具十條覆之。扼要者。則改良不改軌。（時彼將改雙軌。便運軍旅也。）路警當由我派遣二條。彼得覆。謂我無誠意。不足與商。卽自由動工改軌。外人在我國境。違約自由行動。自此始。總督錫良大憤。力與爭。而彼已賄我外部尚書那桐。遂並延吉案解決。解決之方。則延吉任彼民耕墾。而彼撤兵。安奉路任其改軌。警權等並放棄。惟由我派一察查員，更讓由長春至吉林鐵路建設權與彼，（卽吉長路，）利權大喪，錫良以去就爭之，而那桐以延吉密邇長白，爲清發祥地，非日撤兵，則長白危，遂格不納，自是彼勢力乘達吉林之半，錫良乃密議借美款，開港築路，以圖補救，慮謀泄，則屬鄭孝胥等，與美人謀於天津，於是訂錦齊築路，（錦州至齊齊哈爾，）葫蘆島開港約，後爲那桐所泄，彼認獨力不足拒美，乃聯俄人合詞抗議，我不得已，改錦齊爲錦瑷，（錦州至瑷琿，）彼無詞再拒，則益聯俄，是年九月，令伊藤博文至哈爾濱晤俄戶部大臣議密約。所議則日助俄攫蒙古，俄助日營滿韓也，博文至濱江，甫下車，卽爲韓義士安重根擊斃，議竟不成，未幾民國成立，美人仍持開放滿洲門戶說，歐人亦有和之者，彼則令其策士。充我政府顧問者，日以帝制說煽袁世凱，又納我民黨諸人於其境內，勸之反袁，冀速我內爭，適歐戰作，德人已議歸青島，彼亟發兵攻而據之，以俄方戰德，力難東顧，遂思伸張於北滿，密遣軍官多人，偵察於黑龍江。彼國所稱黑龍團者是也，又出二十一條件。逼我承認。暗以助改君主誘袁氏。袁氏爲所紿。允之。及帝制宣布。彼復有違言。再遣周自齊往議。則拒不納。更陽示好於民黨。許討袁軍居靑島。然實以浪人監我軍。且肆掠焉。及袁死。安福黨人柄政。彼以參戰借款餌我。自民七以後。頻年內爭之費。皆挹注於此。吾民困於鋒鏑。彼則攫取權利以去。其留我之政治軍事顧問。日以助長南北爭衅爲事。及歐戰弭。彈於公議。不得不歸我靑島。然猶多設難端以難我。因歐戰中我國以西貨貴且少。多用日貨。彼商獲利不貲。又以販運軍實糧械得厚利。國暴富。人民日侈泰。物力漸不給。東京地震。興復耗財尤多。外强中乾。謀我愈亟。而我遼瀋當局復自築鐵路。分段興工。彼政友會軍閥田中義一執政。自謂勛業當伍桂太郎。(日俄戰爭時內閣也)專以擾害我方爲務。上奏日皇。備陳侵略蒙滿之策。(其原奏人多知之。不贅載。)一方遣人游說於歐美。時張作霖開帥府北京。國民軍方北攻。彼公使忽乘夜入府。勸作霖還遼。作霖允之。翌日行。及至皇姑屯。我京奉綫與彼南滿綫交錯處。突有藏彈炸裂。燬車四輛。作霖及黑督吳俊陞皆死之。彼軍乘此出發。時於城頭射擊。以我鎭靜。無隙可抵。始退去。作霖之死。人皆知出日人手。彼國報紙。亦不諱言。田中遣代表來弔。並行我跪拜禮。以表悔愧。創國際所未有之殘賊行爲。騰笑世界。而彼不以爲羞也。（近有鄂人某。信一瘋人之言。謂作霖爲其子學良所炸。四處傳說。似代日人辨誣者。其愚惑誠不可解。）既不獲逞於遼。乃移其鋒於山東。當國民軍至濟南時。忽謂彼僑民有被害者。即勒我退兵。而彼隨以陸軍一師團侵入濟城。殺害我官吏。截擊我兵士。我軍以奉政府戒。不敢還擊。彼遂據濟。日肆搜殺。我外交員蔡公時。致被其割去耳鼻。慘痛以死。其他淫掠暴行。多著於當時報紙。蓋其福田師皆鹿耳島人。以驍悍稱。若俄之哥薩克騎兵。實際上則非州之野人也。彼據濟數月。我處處避之。各國輿論。亦多諷刺。不獲已。始撤兵去。不待宣戰。即以重兵據人都市。戕人官民。亦世界未有之事也。彼以遼魯兩發難。無所獲。乃益造僞言。遺辨士。以我已赤化。煽惑諸友邦。更以我國民黨執政。將盡驅日僑於國外。以聳動其國民。專心一志。以備大舉侵我。而彼國所謂元老者。見其國內社會黨人之多。窮氓自殺者之衆。軍隊之不可盡信。（彼用徵兵制。軍隊多智識階級。故政府防之綦嚴。平日一聯隊。槍彈不及千粒。而警察憲兵則得彈甚富。其意可知。）冀傾力對外。以靖內潮。自去年春始。卽昌言不諱。旋假託韓人。藉口萬寶山案。焚殺我僑韓商民甚衆。又以奉天懸案未結。日致詰於張學良。勢益岌岌矣。我當局仍欲以外交手段解之。不設兵備也。頻遣人往述好意。且易蔣作賓爲使。以蔣固留日士官生也。彼文治派亦厭其軍閥之專橫。國內之虛耗。故外交官胥欲開議撤兵。適外傳作賓攜有國府蘄和條件至彼。彼軍閥慮歸外交解決。則黷武之志莫逞。遂於作賓至漢城之日。卽發難。時民國二十年九月十八日也。首以砲兵攻我瀋陽北大營駐軍。復遣步兵盡據商埠及城廂。沒收軍警槍械。拘禁守土文武諸官。掠取公私財貨。時其公使重光葵（彼先命佐分利貞男爲駐華公使。佐分利者。素主親中。嘗至南京。與我政府接洽。及歸。政友社人惡甚。陰購人暗殺之。而宣布爲白戕。乃代以重光葵。重光者。駐中領事。無重望。依軍閥作計者也）尙與我磋議和平也。張學良方居北平。聞耗。電戒在瀋諸軍。勿抵抗。以軍中將領。多留學日本者。素見其軍備充實。訓練精整。以爲斷非吾軍所能敵。尤以無海軍扼防爲慮。且欲沿濟南前法了之。並冀歐美諸國。折之以公論。而彼以我怯戰。益發兵據長春。侵北滿。又有土肥原者。彼軍閥中浪人也。爲奉將楊宇霆同學。素相善。傳其於作霖死後。密約輔宇霆統關東。無何。學良計誅宇霆。土肥卽聲言必倒學良。此次瀋亂。奔走號召爲最力。至是謂東三省唾手可得。當進侵津平。以逐學良。乃密至津。勾結奸人張璧李濟春等。以日租界爲根據地。招集便衣隊作亂。亂既作。彼乃牒致津當局。勒撤相近日界守軍。當局許諾撤兵。而守以保安隊。彼乘我兵退。仍糾便衣隊數來攻。皆爲保安隊擊卻之。當戰作時。日人明出指揮。且由租界頻發大砲助之。賴津公安局長王氏。督隊防守周密。始不得逞。同時彼又由瀋進兵新民錦州。勒我兵退入山海關。更遣隊西擾熱河。北擾黑龍江。其擾黑龍江者。爲馬占山迎擊。斃其衆二千餘。以援不至。始徉與搆和。彼遂盡據我關東三省地。强挾清遜帝溥儀去津。拘之旅順。議東三省及熱河內蒙獨立。由彼保護。師前侵朝鮮故智也。是皆其陸軍軍閥所主。海軍軍閥羨之。欲踵行於東南。遂釀今日上海慘酷殘暴之戰禍。

箸者曰。外人游歷我內地者。須官府給護照。當乙亥彼僑民實無台灣道護照。所謂被戕於土番者。蓋虛搆之詞也。溯五十七年前。與我開衅之始。即出於虛誣。則彼挾詐黷武。其所由來者久矣。迨其後自由改築安奉鐵道。則爲外人在我國境自由行動之始。以軍隊逐我官吏於和龍峪。則爲外人無故遣兵據我土地之始。至民十六之炸斃張作霖。强占濟南。殺害官吏。轟擊守軍。更創世界各國未有之局。橫暴欺僞。驕蠻野恣。唯非澳諸州野人差足擬之。而彼自居世界一等富强文明國。曾不赧顏。歐美諸國。亦引彼爲文明强國之侶。不爲恥辱。

是誠我輩頑固民族。所深惑不解者矣。

戰事日記

自日人肆毒濟南。吾民憤怨。時以排貨聞。政府狥彼公使之請。亦少少彈壓之。而風潮汔未止也。及萬寶山事作。彼兵復强據遼瀋。衆怒不復能遏。抵制日貨之聲。徧及國內。而上海實其樞紐地。滬商思想通闢。憂國者衆。故排貨之風亦最烈。彼陸軍方侵略東北。海軍軍閥。遂以平南自任。當去夏已令其中佐藤田者。來偵我長江流域。其潛滬尤久。浪人隨至者。數踰四百。頗與江北流氓棍徒之居中者相結。當津變作。卽思蠢動。以重光葵之諫而止。然軍閥燄高。又蔑視國聯之無能。遂決計發難。一面促重光於一月廿六晚首途赴華。一面遣第二艦隊。並載飛機多架來滬。徉令其領事以禁止排貨運動。停刊民國日報。解散諸義勇軍。取消抗日各會等四項。牒致滬市政府。限廿八下午六時圓滿答復。否則彼海軍卽自由行動。同時其駐南京領事。卽移電台及重要文件於下關兵艦中。以示決絕。我滬市長吳鐵城。秉政府戒。不欲犯難。遂盡允所請。一日閉諸排日會社。並封禁解散。民國日報。亦自停刊。於廿八下午二時前答彼。彼方表示滿意。退讓至此。方冀可以無事矣。孰意其海軍軍閥。野心不戢。彼第一艦隊司令。突於是晚十一時。以公告致我當局。勒我盡撤守土軍隊。十二時卽以陸戰隊於閘北開始攻擊。復組浪人爲便衣隊。以搜捕我住居租界虹口之商民。其飛機亦隨以炸彈分投滬北商埠及鐵道車站。於是慘烈之滬戰以啓。今特據戰地參觀之朋輩。居於閘北吳淞。躬被焚掠之人民所稱述。而參證以軍事當局所公布。海上各報所紀載。自廿八晚彼軍發難之時起。至今日止。排日記之。務求詳確。以慰我愛國同胞。復以警諸畏敵之文武官士。庶乎言者無罪。而聞者興起也。抑有鄭重爲讀此諸君告者。則著者與著者之友姚獨笑。顧小魯。于大忡。楊祥麟四人。冒彈火。犯鋒鏑。躬至戰地。以觀我應敵士兵之忠勇。與彼軍之殘暴行動。至今凡十有一次。幸托天祚。完軀以歸。乃得泚筆記此。議者當知其不同耳食矣。

一月二十八夜及二十九日戰記

是夜十一時。彼海軍陸戰隊一小隊。（約六十人）乘鐵甲車四輛。自北四川路司令部出發。佔領天通菴車站。（即淞滬站）我軍之防閘北者。仍靜守防綫。彼即以車站為根據地。振隊向我攻擊。我軍始起應敵。彼來者以鐵甲車為前鋒。翼以乘機器足踏車攜手機關槍之兵士。猛攻我防地。我軍待其既近。始以機關槍掃射之。作戰約兩小時。敵漸不支。我取包圍勢。與之激戰。至廿九晨三時。敵軍全部覆沒。是役計奪獲其鐵甲車二。燬其鐵甲車一。得步槍百餘。機關槍五。我方應敵者。為十九路軍第五團。憲兵第六團機關槍隊。公安局之警士亦助戰。至四時。彼援軍至。再來攻。仍被擊退。又死其士兵三十餘人。彼始力竭逸去。我當將天通菴車站奪回。時已晨六時矣。迨下午二時後。彼復以重兵來攻。我軍以靜制動。必竢其深入。始行射擊。且時以手溜彈向之猛擊。亙三時許。彼勢大絀。乃逃向租界北四川路。我軍不便進追。亦收隊息戰。彼所設於車站對面之軍司令部。亦爲我佔領。前後斃敵約二百餘人。我士兵死傷不滿二十人。爲開戰之第一次奇捷。此閘北戰況也。

同時彼以陸戰隊於十二時半向江灣進攻。我方應敵者。爲七十八師第六團。初止步哨衝突。繼而正式接觸。敵軍衝鋒直進者四次。均爲我軍擊退。至翌晨四時。彼見我陣地鞏固。始撤兵去。聞亦燬其鐵甲車一。斃其兵士五十餘人。此江灣戰況也。

是夜十一時。敵艦大小十三艘。進攻三夾水。以大砲擊我要塞。我守軍初頗還擊。已而靜息不動。彼謂炮台兵已逃。遂開移近岸。迨其既近。我始開重砲擊之。敵遂避去。聞彼艦受傷損者凡二。此吳淞戰況也。

是日敵方飛機四十餘架。四處擲彈。被我高射砲擊落二架。在寶山路迤北。又一機於攻擊滬甯車站時。低降拋彈。我一兵士以步槍射之。適中其貯炸彈箱。遂爆炸粉碎。

又敵方軍隊之外。助以浪人。均便衣。臂纏一紅標記。挾有盒子砲炸彈。分路出擾。爲我軍擊斃。數亦不少云。

是役爲滬上作戰之始。亦即海通以來。我國對敵大勝之第一日也。我軍無飛機助於空。無海軍助於江。不用鐵甲坦克車爲前鋒。而鏖戰十九小時。卒斃敵近千。佔領其司令部。擊落其飛機。毀壞其鐵車。歐戰中比利時初起拒德。有此勇概。而肉搏之烈。尙遜于我也。蓋自廿三以後。蔡廷鍇氏率衛士數人。周回於防守區城。其訓諭軍士。有不挑釁。不怕敵。不讓防之語。誨勉簡切。貢摯。聞士兵中多有聞而泣下者。宜其應敵之勇往無前矣。

一月三十日記

晨間二時。敵方以三中隊。由西寶興路。穿入中興路來攻。兵頗精壯。或乘機器足踏車，或步行，皆挾盒子砲手機關槍，前一時彼領事方以電話致滬市長，謂雙方損失甚大，請停戰云云，又突乘隙進襲，我軍憤其欺詐，應敵尤勇，作戰約一時，敵向東退，我乘勝追擊，直至沈家灣菜場，彼援軍兩中隊適至，兩軍肉搏，鏖戰更烈，至晨五時，敵軍死傷枕藉，殘餘者盡向租界逃去，我軍亦下令收隊，時已天明七時矣，是日日間戰況沈靜，迨下午五時，敵又從租界老靶子路衝出，復被我軍擊退，曾俘其兵士浪人二十餘名。

下午四時，敵軍一中隊，佔據東寶興路（鐵路迤東）印度教堂旁之啓秀女學，向我射擊，我七十八師部隊，即東進攻包圍該女學，勸令繳械，彼仍頑强抵抗，始開砲轟擊，殄其全部。

又橫浜路之日商寶山玻璃廠，江灣持志學院舊址，均有日軍駐守，先後經我軍包圍繳械，共得其機關槍四架，步槍百餘支，駐昆山路虹口公園之日軍二百人，被我軍于上午十一時全部繳械，日兵俘送我司令部。

北四川路底公園靶子場附近之日陸戰隊司令部。是日下午五時。爲我軍開砲轟炸一大部分。

一月卅一日記

晨一時半。彼領事以電話致滬市長吳鐵城。謂彼軍節節退避。我軍節節追擊。請制止。吳答以礙難制止。隨提出日兵解除武裝。離中回國。並請英美滬領擔保其不再演挑衅行動。彼方尚未答復。突於晨七時。以飛機十七架。沿滬甯路綫翱駛擲彈。中有二架。飛至眞茹。圖炸車站。飛度較低。被我軍以高射砲擊落。當飛機擾我之時。我滬市長被邀至英領署。與彼艦隊司令談判。會議三小時。彼方條件太苛。不得要領而散。

下午五時。敵方飛機一隊。（約四十架）自口外洋面飛來。窺伺我要塞。盤旋半小時。卽開向上海。是日陸地僅步哨槍聲。未正式接觸。

二月一日記

昨夜十二時。敵軍由租界衝出。自北河南路底寶山路口。猛烈有進攻。據有租界方面之瞭望台。及德隆煙廠高樓。架卅節式之水機關槍猛射。又伏攜手機關槍之步兵於老靶子路北河南路轉角。我方憲兵第六團迫擊砲連。機關槍連。及特務營。適防守是綫。與之接觸。相距約百廿米突。相持四時。始將敵擊退。下午二時。彼又用機關槍隊。出老靶子路口。向我寶山路防軍猛烈射擊。亦被我軍擊退。本日因彼方仍要求停戰。故我軍並不追擊。止於其來攻時相機應敵而已。

是日敵軍艦在南京下關發砲數十響。轟擊都市。在滬者則分遣浪人。於北新涇等處放槍。又上午七時。敵軍艦進口。約運來陸戰隊二千餘人。

二月二日記

下午二時。敵軍又在北河南山西兩路進攻。仍據租界之瞭望台開放水機關。及平射炮。我軍同時還擊。戰鬥猛烈。與昨相似。歷四時許。仍將其擊退。此兩日敵皆以租界瞭望台爲攻擊根據地。我軍還擊。異常困難。然卒各固防綫。阻敵不得逞。厥功偉矣。

又敵軍於下午三時。在北浙江路北口。開放機關槍多響。隨自退去。復有敵軍百人。乘卡車五輛。至新閘路烏鎮橋。大開鐵門。衝入華界。經我軍以機關槍逼近射擊。始逃回租界。我軍未予追擊。

又下午一時。敵以飛機兩架。向閘北眞茹一帶拋擲炸彈。轟我防綫。但彈皆拋入田內。無一命中。又於天通菴方面。以十二生的大砲。轟擊我軍。我軍亦以大砲還擊。自下午二時半起。至五時始止。雙方無大勝負。

二月三日記

本日和平談判。因彼方要求我軍退出防地二十四英里。軍事當局以護防棄地。爲重大恥辱。不願接受。敵之陸軍又新開到萬餘人。遂以陸海空軍。向我總攻。茲分記其戰況於右。

敵陸軍方面。于上午八時。開始進攻。戰綫在橫浜路寶興路靶子路福生路北河南路。初以陸軍約兩營。用鐵甲車六輛前導。攻我天通菴路駐軍。我軍沈著應敵。待其鐵甲車逼近。始以機關槍手溜彈擊之。敵軍死傷甚多。然前仆後起。仍進攻不已。我軍更用迫擊炮轟射。相持至六時之久。擊毀其鐵甲車二。斃其陸軍三百餘人。彼見我陣地鞏固。乃撤退去。又虬江路防綫。敵軍來攻時。因我軍均憑堅壘。知不得逞。僅用砲轟一時許。遂撤退。又寶興福生兩路。敵以步隊衝鋒。與我軍肉搏。然其奮勇捨命遠遜我軍。均遭挫敗。其攻福生路者。為我十九路軍全數殲滅。又敵方見我軍利用散兵綫。彼亦襲而用之。今日諸路進攻時。並有五六人七八人一組的步隊。向我襲擊。然以跑步均不逮我軍便捷。且于屋角巷曲。往往遇我伏兵截擊。故都不得逞。且為我擊斃數達百餘人之多。此陸路戰況也。

敵海軍方面。於正午十二時。以燬滅艦三艘。自黃浦駛吳淞。先用機關槍射擊。

繼連放巨砲。攻我砲台。又有飛機在上。爲之指示目標。幸我守軍奮力還擊。砲台雖有一部分受彈損壞。然大體無傷。且於下午二時。擊沈其一艦。截至晚間。敵艦隊兵士終無一人登岸者。被擊沈者係一新造之巡洋艦。又有兩驅逐艇亦帶傷。此海軍戰況也。（彼方致函美領謂于下午二時。海軍開始在吳淞攻擊。乃先兩時已開砲。其蔑棄國際信約。有如此者。）

敵飛機隊之在滬作戰偵查者。原共四十六架。前數日先後被我擊燬四架。至是又到二十餘架。本日上午十時。以機十五架。拋擲炸彈琉璜彈於閘北。經我以高射炮射之。始退去。旋又有六架飛來。仍爲我射擊。迫令離去。其在吳淞者。則有十二架。迴翔於砲台上。隨時擲彈。雖經我軍擊退。但所拋炸彈過多。我方亦有相當損失也。此空軍戰況也。

今日之戰。敵方猛進。尤過於廿九日。終被我軍以堅忍拚死。沈靜從容勝之。唯繼續激戰幾二十小時。我兵士之受傷者數亦不少云。

又聞敵以便衣隊分擾瀏河川沙。但官方無確訊。唯時報載有是說。

二月四日記

敵方於晨五時。開始以大砲向我轟擊。繼續不斷。達十二小時。平均每兩分鐘。開砲一響。十二時至下午三時。射擊尤烈。我方亦還擊。但必瞄準始放。故不知彼砲之密。十二時半。我軍一面與敵砲戰。一面以鐵甲車載步兵越淞滬鐵路衝鋒。將六三花園之敵方前衞軍百餘人包圍殄滅。其在顧家宅寶山路進窺之敵軍。衝鋒四次。均被軍擊退。又攻滬寧車站之敵方鐵甲車。爲我奪獲一輛。入夜始停戰。至十二時。敵又乘陰暗來攻。機關槍尤密。是日戰事。我軍奪得軍用品尤多。但不悉其實數。故難詳記。

又敵以閘北進攻棘手。擬改由滬西。斷我後路。遂以十卡車運陸戰隊一營。（彼一大隊）向曹家渡及周家橋渡進。圖佔據該地。早經十九路軍探悉。已派軍前往扼防。嗣以英美軍官勸告。而彼又見我設備甚嚴。乃向東退去。

（附記）先是英美軍隊，陸續開到，無相當住所，有美教士代向哈同洋行賃屋，該行華經理姬覺彌君，告以英美軍之來，特以保租界安寧也，而連日麥根路曹家渡等處，本非戰區，時有日兵往來，是反以破壞安寧矣，若當局能予以制止，本行雖讓屋住兵亦可，何有於租賃，經教士告諸美領，果以嚴詞阻止，是後滬西獲保安寧，皆基於此，否則曹家渡一帶紗廠，藉以住兵，其破壞固不堪涉想，而由此分我兵力，戰事上尤有至大影響也。

敵海軍方面，派驅逐艦六艘，以二十三號艦領之，下午一時，向我砲台猛擊，約一小時，未得逞，敵艦續又開到十艘，大舉進攻，並以飛機十餘架助之，擲彈，我方亦以重砲還擊，至晚八時始止，中間曾以陸戰隊登岸，被我伏軍與守台巡兵包圍，據官方消息，又毀其兩艦，殲其登岸陸戰隊約千人，擊落飛機一架，獲得槍械無算。

又以華裝兵士多人，混入眞茹，希圖毀我國際無線電台，我方預得消息，防範甚嚴。無隙可乘。彼始潛逃去。

二月五日記

晨六時半。敵軍乘曉霧彌漫之際。向寶山路南口。及西橫浜橋間之八字橋青雲橋兩路進攻。同時沿北四川路東寶興虬江各路。亦分隊來襲。沿柳營路顧家宅前小河前進。作大包圍勢。且以重砲掩護進攻。純用機槍密擊。但我兵仍各守防綫。略不驚慌。抱定敵來迎擊。敵退休息之旨。任彼衝突。至下午二時後。撲攻雖猛。但其精力已疲。我軍始出濠振隊邀戰。當擊斃敵兵五六百。奪獲鐵甲車一輛。其在江灣方面者。以重砲攻我。我亦以重砲應之。互擊多時。彼軍氣餒。紛紛南退。

同時敵力復以砲攻吳淞要塞。民房有被燬者。砲台以守禦得法。彼陸戰隊不能登岸。約時許卽停戰。

上午九時。敵飛機十一架飛抵眞茹。以八機在車站及暨南大學擲彈。以三機在無線電台擲彈。經我電台守軍以高射砲擊落一架。同時我方飛機七架。皆升空應戰。敵機不支。向東逸去。有二機被我方壓迫下地。在南翔墜落。在眞茹擊下者。機師三人。均腹部穿裂死（查得一爲海軍大尉矢部讓。一爲中尉加賀。一爲曹長加藤。）

此雙方空軍作戰之第一日。勝利仍在我方。彼日日新聞。歸咎天氣不佳。然敵我同在一天之下。何我獨蒙天佑耶。彼方矯飾。可想見矣。又有敵便衣隊約二十人。持手槍炸彈。圖擾曹家渡。經我軍擊斃一人。（聞係向居虹口浪人首領橋尾也。）傷五六人。餘衆逸去。聞此舉非其軍事當局之意。

二月六日記

晨八時。敵方大舉進攻。其目的地爲橫浜柳營兩路間之八字橋。以其爲北面交通要道也。初以驍悍百餘人。攜氣壓機槍。手提機槍。向我猛撲。我軍徉退誘敵。彼方大隊隨至。密集橋側。我方突從左右濠內奔上。槍砲並施。敵軍逃避不及擊斃約二百人。並有帶傷斃於中途者。又兩時許。敵方援軍至。又集合來攻。但銳氣已挫。經我軍以機槍掃擊。斃十餘人。彼即移軍東南去。戰事遂止。擊斃敵兵。均藍呢制服。白脚套。同時又以一中隊攻公興橋。我守軍連排司務長三人。奮身應敵。兵士隨之。斃敵約十八。餘均退卻。

經連日之戰。寶山玻璃廠。及六三花園等處。向爲敵軍砲兵根據地。現已一無敵蹤。我方大隊進展。已越過橫浜路矣。

上午十時。敵機六架。經三板廠新橋。繞向我軍後防。拋擲炸彈。被我擊退。十二時後。又有兩機自租界中虹橋飛向華界共和新路擲彈。自此後逐漸增多。旋繞空際。至四時後增至十二架。所擲彈未炸者較多。

敵方以屢挫。且兵士雲集。鹽澤不勝統率。易以野村。但聞其陸軍中頗有怨言。或謂乃訾便衣隊引導失向者。聞彼方擬撤去便衣隊云。

本日吳淞無戰事。據外報所載。敵方待援甚切。

二月七日記

晨二時許。敵軍三路衝鋒。向八字橋天通路兩處進攻。其攻八字橋者。張左右翼。以鐵甲車坦克車掩護步兵來撲。我軍以大砲抵禦。而以手溜彈向其步隊猛擲。彼軍不支退去。及下午二時。及五時半。又兩次進攻。我仍靜伺接近。始以機槍手溜彈饗之。先後斃敵數百。我兵死傷不多。敵砲彈多重至百二十磅者。擊斃民房。彌望皆是。又其午後來攻時。均有飛機在空中助戰。向我陣綫擲彈百餘次。多半落空地上。亦有數次射入陣中。我兵士傷亡約二十餘人。計敵三次進攻。被我擊斃近千人云。

正午十二時。敵騎兵兩中隊。由租界虹口出發。向體育會路江灣路我方陣地衝突。我軍均伏處戰壕。待敵騎將入陣綫。突以製備之軟竹圓簍數百隻。就地滾去。馬或滑跌。或將足套入簍內。不能拔出。一時咆哮騰躍。我軍乘勢以機槍掃射。敵兵死過半。戰馬受傷者尤多。

上兩地皆新來之正式陸軍也。接觸之初。勢甚猛烈。步法較海軍陸戰隊強健。然專務衝突。我軍以沈靜從容待之。終不克逞。再接三接。其氣大餒。倉皇奔退之狀。仍與陸戰隊不殊。

野村接任司令後。以前攻吳淞。均遭失敗。遂以新到陸軍兩團。並陸戰隊一團。組合大舉。限二十四小時攻下吳淞要塞。本晨十時。有敵艦十艘。由白龍港開至吳淞。同時飛機十餘架。向我陣地偵察。艦隊隨即開砲。陸軍則由糧米站軍工路來攻。陸戰隊則進攻蘊藻浜。以圖牽制。而泊于張華浜東面浦江中之軍艦。亦發砲相擊。三路並攻。聲勢極壯。其飛機且於空中散下無文理不可解之傳單多張。陸軍更以坦克車猛衝。時我駐張華者。爲十九路軍翁照垣旅。夙已預備嚴整。即在裏揚旗防綫內。迎頭痛擊。先將其衝鋒擊退。越一小時。敵復來攻。艦隊開砲。飛機擲彈助之。並有裝置機槍之足踏車二十輛。翼以攻我。我兵拚死應敵。雖有傷亡。曾不少懈。每一次必被斃敵多人。翁氏躬臨前敵。隨機指縱。故士氣百倍。而敵軍亦終不得踰張華濱一步。又彼驅逐艦二由高橋沙用鐵殼駁船。渡至糧米馬頭。陸戰隊全數登岸。會同鐵甲車。進攻蘊藻浜車站。經要塞譚司令指揮應敵。戰綫在蘊藻浜車站西揚旗甘家橋軍工程糧米站一帶。槍砲對擊。尙非劇戰。迨下午一時半。敵艦續到三艘。開砲助戰。戰遂烈。彼此均有傷亡。但我軍始終固守陣綫。又蘊藻大橋及鐵路橋。均被我方炸斷。敵軍至是以六卡車運工兵一中隊來修。亦經我軍擊退。是日爲彼新到陸軍作戰之始。攻擊地點。以吳淞爲最猛。然我軍沈靜果勇。終於無隙可乘。夜間遂停戰。野村所限攻下吳淞要塞之命令。亦完全不發生效力。

二月八日記

上午八時。敵軍千五百人。開至江灣屈家橋附近。藉爲根據地。將由此窺江灣。佔大場。則閘北後路。爲彼所有。更可接應進攻吳淞之敵軍。先以野戰砲轟擊。仍有飛機八架。擲彈助戰。我軍佯退。彼卽開始衝鋒。導以鐵甲車六輛。步隊繼之重砲掩獲。乃抵我陣綫。我壕內伏兵。左右齊起。截其歸路。正面退軍。回向反攻。專用機槍手溜彈。猛力射擲。敵軍慌亂。被擊斃約三百名。餘衆突圍潰逃。當下午一時至三時。戰事最爲激烈。計燬其鐵甲車二。獲得機槍五。步槍三百餘隻。

正午十二時敵軍六七百人。向西寶興路防地襲擊。所用有鋼砲機槍手溜彈。我軍用迫擊砲。阻其衝鋒。亦以機槍手溜彈應之。敵之手彈製造甚精。炸力甚强。我兵頗有被傷者。但其拋擲之靈捷。遠遜我軍。且接近時。往往慌張。至下午二時。勢漸不支。適彼援軍又駕兩坦克車來。遂推開再進。我軍佯退。彼卽深入淞滬鐵道旁。我本有伏軍。兩翼同時並起。退軍亦卽回攻。遂將敵軍四面包圍。當被擊斃約二百餘人。餘衆向克明路逃去。

上午九時以鐵甲車攻八字橋。（至是四攻矣）被我軍以大炸彈炸其一車。敵卽退郤。

又敵機四架。在麥根路太陽廟一帶。迴旋偵察。經我方以高射砲擊之。墜落一架。俘其士兵三人。

夜間七時敵兵約三中隊乘黑暗中向廣東路虬江路進攻。彼亦用散兵綫分頭闖擾。我軍亦分頭應戰。至十二時止。敵完全退卻。是役均無大傷亡。

晨六時敵陸軍兩團陸戰隊二千餘人。飛機二十餘架。開始向吳淞攻擊。軍艦十二隻。繼連以重砲密射。飛機所擲皆巨彈。陸軍則在坦克車八輛。鐵甲車十餘輛。掩護衝鋒。軍士齊聲鼓譟。藉助聲勢。我軍以迫擊砲拒其車攻。以高射砲拒其機攻。兵士靜默各守防綫。另組敢死隊兩隊。分攜手提機槍手溜彈向敵軍密處衝突。至晨九時。彼此衝突踰十餘次。敵軍見傷亡已多。始暫退去。計斃敵約三百人。燬其鐵甲車四。

先是前晚十時後。敵以重兵迫退我蘊藻濱守兵。遂佔領車站。我軍乃借永安華豐兩紗廠屋項。架大砲及機槍。將其擊退。當將車站克復。彼心不死。於今晨五時。以陸軍四中隊。暗由距蘊濱西三里餘之紀家橋來襲。正在搭架浮橋。已爲我軍偵悉。亦暗中由旁徑突出擊之。敵驚慌失措。死逃各半。遺下工兵器械甚多。至十一時。又以部隊來攻。但不能過浜。遂夾河彼此砲擊。兩無勝負。晨八時。敵軍千餘人。曾佔據朱家木橋（蘊藻要道）及陸家宅北之吳淞塘。遂取得聯絡勢。十時後。卽向我猛擊。我軍一方以機槍小鋼砲應之。一方以大刀隊入其陣地肉搏之烈。前所未有。敵已氣餒。適閘北又開到我軍兩團。遂將敵包圍。至下午四時。戰事終了。計斃其士兵千二百餘。燬鐵甲車坦克車各二。又獲其鐵甲車一。餘槍械無算。野村總攻計畫。遂大失敗。

是役被我俘獲敵兵。其初詰問。均堅默不答。繼見我待遇甚優。始各通語中有二八。謂係銅工。家各數口。工資儘足自給。以被徵爲舞鶴鎭守府兵士。今日出征被俘。妻子不知如何焦慮。言下頗慘痛云。

開戰以來。西報紀載簡略。論調中立。自昨今兩日大戰後。如大美晚報等。皆詳記戰況。對我軍之勇敢。備致揄揚。

二月九日記

敵方以前兩日損失過鉅。今日已停止進攻。止於晨五時。以陸戰隊四五百人。在張華濱馬頭登岸。思偸渡蘊藻浜。爲我軍步哨所見。立開隊架機槍密射之。敵死十餘人。餘遂退卻。

又敵機十餘架。于八時後在張華浜一帶擲彈。被我軍擊退。有一機因受重傷。在瀏河墜落。所載三人。二死。一重傷。又有一戰鬥機。墜落于軍工路公大紗廠後。兩機師斃命。機亦炸裂。

閘北江灣一帶無戰事。吳淞紀家橋對河。聞有砲聲。

二月十日記

敵自七八日大挫。士氣墜落。本欲少息。補充再舉。以野村接到東京部電斥責甚厲。遂於今晨一時。仍向閘北吳淞進攻。其攻閘北者。以重砲轟擊八字橋虬江路。我亦開砲應之。相持兩時。敵引退。迨黎明後。敵機五架又向我陣綫投彈。但彈均墜在綫外。至晚六時。敵又以大隊向天通菴路靑雲路猛衝。復有便衣隊（似是陸軍化裝者）向東虬江路及施高塔路衝出。更於虹口公園開放大砲以助之。但我軍如前應敵。敵不久卽退卻。其作戰頗呈勉强之象。

我閘北陣綫。進展至虬江路北四川路口。

晨十時。敵六機在靑雲橋擲彈。我空軍楊隊長架大號彈鬥機一架升空應敵。敵機注意擲彈。飛度甚低。我機高出其上。當用機槍下擊。五機逃去。一機受傷墜落靑雲橋南。機師二人一已斃命。一折一腳。猶持槍拒捕。當經我軍槍斃。

晨九時。敵騎兵及鐵甲車在江灣體育會附近圖擾。我軍開到一營猛力驅逐。敵抵抗力甚薄。隨被擊退。陣斃二十餘人。

午後一時。敵艦十艘泊三夾水洋面。以重炮轟擊吳淞炮台。我軍還砲相擊。至四時始息。先於晨六時。敵兵約一營在依周塘角南草菴前面。乘小船多支偸渡蘊藻浜。事前已爲我軍覺察。即於隔河密排機槍待之。敵偸渡時。天色沈黯。我兵故放步槍數聲試之。敵軍齊將手電筒開放。我軍立開機槍。迎頭痛擊。死其前鋒百數十人。餘衆逸去。晨九時。被陸戰隊以十四英寸口徑（合七十五生的）之大砲。向砲台轟擊。又有敵機六架在空擲彈。我方亦猛力還擊。敵終不得逞。至下午二時。遂總退卻。當午前十一時許。彼以射擊漸疎。似入休戰狀態。敵方午餐。我軍突先開迫擊砲。隨以大隊手提機槍隊。手溜彈隊。大刀隊湧出。大呼向敵。出其不意。敵衆棄食逃竄。經我奪得大砲九尊。彼損失至鉅。聞彼方皆歸咎於野村之强制進攻云。

二月十一日記

敵軍連北。精力已竭。故今日閘北狀態寂靜。

晨八時。敵機十餘架自東面飛起。向閘北江灣一帶擲彈。其炸裂情狀。另載敵軍暴行記中。蓋其他屬租界。我軍守約弗以高射砲射擊。故彼得肆其毒也。

晨五時。敵軍窺吳淞者以陸軍千餘人。向蘊藻浜南進攻。並以重砲在前轟擊。圖佔車站。我軍乃以精悍之士挾機槍手溜彈。伏處車站兩旁濠內。正面略事應敵。卽向後退。敵遂跟蹤來追。將近車站。我左右伏軍齊起。機槍密掃手彈環擊。敵之怯者先退。強者仍抵抗。爲我殄斃者達二百餘人。始總退卻。是役獲其野砲二尊。機槍步槍亦不少。至十時及下午二時。又兩次來攻。均爲我軍擊退。今日敵力所發砲。皆開花彈。故民房損失甚大。

二月十二日記

美英領事以教會請求。遂請中日雙方暫時休戰。俾難民遷出戰區。日方以陸軍新到。乘銳制勝。故無允許表示。至七八兩日大敗後。兵力甚疲。始允於今日上午八時至十二時停戰。我軍自無異議。故今日上午。閘北無戰事。

午後一時。敵機又飛向江灣一帶擲彈。我軍方擬擊射。彼已飛去。

傍晚六時。敵方又開砲攻我陣綫。我軍未還擊。彼遂於夜九時。以二百餘人分作三隊。向天通菴路青雲路猛衝。純以機關槍射擊。我軍亦開始還擊。且出隊在青雲路將敵四十餘人包圍。以刺刀刺之。無一生還。敵膽已奪。遂逃回。但猶不時開砲示威。至十一時方止。

是日敵以閘北休戰。遂傾全力以攻吳淞。晨六時。有陸軍千人。藉野砲飛機掩護。向我蘊藻浜防綫進攻。更分一小隊。在曹家橋衝突。時我守軍僅兩隊。然應敵殊勇。以多數手溜彈。向其猛擲。別以大刀隊。盒子砲隊。將其在曹家橋之小隊殲滅。彼正面進攻之軍。遂亦卻退。至九時停戰。同時敵艦亦發砲攻吳淞砲台。多未命中。又一艦載陸戰隊百餘人。于黎明時駛至張華浜口。意圖登岸。我軍伏黑暗中。待其前隊二十餘人上岸。立以機槍掃射。全數擊斃。餘不敢復登。船亦開去。

本日八時。萬國義勇隊。及紅會各救護機關。正往救難民出險。敵方以兵士化裝難民。暗帶手槍炸彈。詐租黃色卡車七輛。載至北四川路下車。以五六人為一組。分向江灣衝去。幸我軍早有準備。立卽分頭痛擊。斃其二十餘人。餘衆潛逃。其背信圖逞。在場西人多有目擊之者。

日政府以野村總攻失敗。又易植田謙吉爲司令。固陸軍中錚錚有名者也。戰作未滿兩旬。遂三易將帥。而彼方報紙。尚自誇勝利。是之爲詐而愚。

二月十三日記

晨七時。敵向我天通菴新民青雲虬江四路進攻。飛機八架在天空助戰。護以重砲。我軍一方以大砲還擊。一方以高射砲射其飛機。敵機一架受傷。閘駛至眞茹墜落。其進攻之敵軍人數雖衆。但純借大砲護身。未事衝鋒。一經還擊。卽少少後退。蓋彼不衝鋒。而防我之衝鋒也。我方乘其後退。更於天通菴一路。以機槍密射。敵遂紛逃。以逃迅。尚無死傷。但是時我軍曾以遠射砲擊其陸戰隊司令部。聞擊毀房屋一部分。斃其參謀一人。衞兵五人(事後俘虜所供)同時其潛伏黃陸路寶樂安路之敵軍。曾衝至橫浜路。被我軍以小鋼砲擊之。

即紛紛散去。

晨九時。敵機在閘北擲彈。時我方曾發飛雷擊之。（蔡霖生氏創製。）聞將敵機炸爆一架。落於大統路附近。

晨八時。敵軍二千餘人向吳淞進攻。接戰未久。彼方突用烟幕彈衝擊。一時黑煙瀰漫。即在蘊藻浜。搭浮橋偷渡登岸。向曹家橋猛撲。以手機槍爲衝鋒。護以大砲。因我軍抵禦力强。相持至六小時。我軍還擊。由密而疎。彼謂我力已懈。揮衆直入。我正面更退。彼即進至曹家橋埂。我忽左右翼齊起。紛投炸彈。將浮橋燒斷。正面退軍。立定架機槍掃射。戰至下午九時。敵軍傷亡過半。餘衆奔潰。

是晨九時。江灣亦有小衝突。聞係敵步隊二百人來攻。爲我軍擊退。且俘其兵士二十餘人。

吳淞口之導引商船燈塔。是日爲敵砲擊毀。

又晨二時。我吳淞要塞守軍曾組織便衣敢死隊。向敵夕張號及附近陸戰隊。

一度猛攻。該處爲其大部隊宿營處。出其不意。爲我軍以手機槍手溜彈擊斃百餘人。其艦牆亦擊穿多處。敵軍人人咋舌。

二月十四日記

敵軍欲取東北兩綫連絡。於晨六時。向水電路尾八字橋進攻。先以步兵百餘人。潛用來復槍來侵。我軍發哨槍警告之。彼知有備。卽發砲相攻。我軍不理。彼亦終不敢近。至下午二時。又一度來攻。仍不得逞。我防綫如故。

晨七時半。敵軍潛伏寶興路各弄內者。約八九十人。以機槍向我射擊。我軍均伏戰濠。不予還擊。彼遂散退。及夜間。又衝至寶興路口。我軍以排槍擊之。斃數十人。奪獲其紅白旗兩面。步槍鋼帽徽章數件。

晨七時。我軍兩營。開赴江灣。向佔據萬國體育會之敵軍攻擊。初以步槍直綫衝突。及八時後。我軍續到開一營。卽變更陣勢。分爲三路。以包圍之。多用機槍掃射。敵軍左右衝突。力亦甚猛。我軍間有傷亡。但包圍益密。且以大刀隊直前肉搏。敵勢大絀。截至十一時。敵軍八百餘人。全數解決。我方遂將體育會跑馬場克復。護野戰砲八尊。機槍十五架。步槍七百餘支。又搜獲其重要作戰文件數包。中多軍用地圖。爲七日以後對敵之大捷。

晨七時。敵軍千餘。在大砲飛機掩護下。向我蘊藻浜防綫攻擊。來勢極猛。我軍仍沈著應戰。初只答以步槍。迨其近濠。始以機槍手彈相饗。相持兩小時。遂將敵軍逐至浜南。浜北全爲我佔領。

敵方向來對我砲戰。平射砲皆安放虹口公園。重砲則安置江灣跑馬場。自跑馬場克復。彼重砲遂失安放根據地。

晨七時。敵軍又向吳淞蘊藻浜攻擊。仍以重砲飛機（八架）掩護。我軍亦以重砲還擊。因我軍應敵。素不輕開砲。出敵意外。進攻稍卻。我方乘之。槍砲齊施。敵遂奔北。十時又一度來攻。亦被擊退。

敵方於前夜十一時。進襲我張華浜防綫。衆約三千人。我軍已先事覺察。至是從容應敵。相持兩時許。敵軍少退。及今晨七時。彼大批援軍軍到。共約六七千人。於十時排成一字散兵綫猛衝。旋卽重疊層層前進。在西康家橋及鍾家橋附近鏖戰。我軍一面以散兵綫應敵。一面增援三路包抄。乘敵不覺。竟將其全數包圍。敵以手機槍外擊。意欲突圍。我以手溜彈內擲。一彈炸時。輒傷多人。敵漸不支。至下午十時始息戰。是役斃敵七八百人。其逃出者。半帶重傷云。

二月十五日記

晚七時。敵軍在靶子場開砲示威。我軍以其浪戰。置之不理。至八時。彼又用大小砲位向天通菴轟擊。九時則更發重砲十餘響。夾以小鋼砲。開放尤密。但暗中均未命中。我軍僅出鐵甲車隊。還擊以迫擊砲。至十時始止。雙方無大損失。晨八時。敵軍千餘人。由屈家橋進攻江灣靶子場之砲隊。開砲相助。飛機五架。亦在空中擲彈。我軍伏壕不出。敵不敢深入。約兩小時。卽停戰。下午又復來攻。我軍初不應戰。迨至相當時間。始以機槍手彈衝出殺敵。奪獲其槍械甚多。敵旋退去。

晨六時。泊於吳淞砲台灣前之敵艦七艘。齊以大砲向我砲台射擊。燒燬市房甚多。中國公學之寄宿舍圖書室。亦遭焚。幸砲台無大傷損。敵又以商輪三。滿載陸軍。藉砲火掩護。泊于附近砲台灣之沙灘。半已登岸。我軍夙有準備。立時以機槍掃射。無一生還。商輪亦逃去。中二隻均帶重傷。越二小時。敵又以小輪運兵圖登。仍被我擊退。及第三次。敵先以飛機十餘架來擾。乘我準備空中之際。又載兵三輪。鼓勇欲上。但我一方以高射砲上射。一方密排機槍下擊。卒擊斃彼方二百餘人。始不敢再來窺伺。

附載敵方報自認戰敗之論調。

上海每日新聞云。本報記者。訪駐吳淞紀家宅之岡本大隊長。未遇。僅見負傷之某軍曹。據伊談。岡本大隊。於十二日夜分配於吳淞沿岸日兵第一綫。十三日上午渡河。華軍用機槍山砲猛射。一時砲彈如雨。我軍激戰進攻。正在進行時，忽有砲彈飛來，炸裂極猛，初疑我軍砲隊掩護砲擊，電詢砲隊，回答並未發砲，我軍遂鼓勇突進，使敵方受重大之損失，在某處華軍一小隊，自排長以下，全滅，我軍乘勝追擊，時已天明，我軍駐在地周圍，忽聞華軍喇叭之聲。疑係敵方埋伏，果然華軍將前翼及左右翼開始移動部隊，有包圍我軍之勢。我軍有被斷後路之憂。大隊長即命中止前進，各自據散兵壕築建防禦陣地，我軍約在五十密達之地對陣，華軍於十時左右來襲，我軍應戰，但彈藥缺乏，戰友漸多傷亡。遂發乞派援軍速發彈藥之無綫電，一面仍奮勇對峙，大隊長以下，已知其不能生還，散兵壕內，積水盈尺，不能衝出，一時皆已絕望，孰意援軍山本中隊長，已直向我右翼之華軍衝進，中隊長以下，皆上刺刀，肉搏之勇，誠無其比，余等受此激勵，又復振作，奈敵軍始終頑強抵抗，且常有新兵至前綫對抗，故援軍之山本中隊，亦與我軍相同，皆陷入苦戰之中，乃不得不發撤退之命令，當激戰時，戰友之屍骸，亦無暇顧及，及下午六時、始得撤退云云。著者此按敵方報紙登載敗訊之始。其論調固多迴護。然亦可以藉考當日內狀況。凡彼所稱敵軍今皆改譯爲華軍。俾讀者易曉。有關係之句。均加圈。尤望讀者注意。

二月十六日記

本日閘北戰況寂靜。僅晨六時。天通菴路有敵軍窺伺。被我軍擊退。八時後。彼陸戰隊曾一度向虹口路靑雲路衝鋒。且開放大砲。亦經我軍擊退。彼此無傷亡。

晨一時許。敵艦向我吳淞要塞發砲。同時遣派騎兵兩中隊。在西唐家橋附近。啣枚急進。希圖抄我後方。是處我原有伏軍一隊駐守。當敵騎經過時。即開機槍掃射。彼未及備戰。聞其人馬均經擊斃。其艦隊砲擊亦漸息。是日大美晚報訪員曾至吳淞觀戰。亦謂前綫寂靜。日軍唯向江灣活動云。

附載美報稱贊我軍大略云。沿途所見中國軍士。皆喜氣盎然。有自信之色。

訪員告以日軍將至。則云方預備日軍來攻。並云對日軍毫不畏懼。又稱中國兵士皆奮勇而有禮貌。

二月十七日記

晨三時許。敵軍以重砲擊我天通菴路。我軍初未還擊。嗣見彼擊燬民房。火燄升騰。軍心大忿。遂亦開大砲還擊。彼此砲戰。至爲激烈。及晨七時始停戰。結果敵軍第一道防綫。爲我轟壞。聞彼軍司令部。亦中我開花砲彈也。

晨一時許。駐守吳淞之孫家宅夏家橋我軍防地。突發現敵軍步兵約一大隊。我軍伏處濠內。佯爲不見。彼軍爭先直入。經我以機槍及來復槍猛擊。互兩小時。擊斃敵軍過半。餘衆逃歸。

晨四時。敵海軍陸戰隊一中隊。乘軍艦所備之小劃四艘。用一灰色小汽油船拖帶。由吳淞口外駛進三夾水。希圖在濬浦局所建之石埂上登陸。以便襲我砲台。當爲我軍覺察。將其擊退。是時停泊粮米糧馬頭前之敵艦。聞槍聲作。卽發砲攻我砲台。詎砲彈誤中彼之小劃。劃毀。沈沒二十餘人。餘三艇相繼逃逸。是日敵軍植田第九師團。完全到滬。計敵軍在此者。數踰四萬人。分駐於楊樹浦公大狄思威路日商同興三紗廠內。

著者按上三日戰事較爲沈靜者。一因敵方海軍陸戰隊精力已疲。而前此開到之陸軍。當在彼境出發日。其陸軍當局。有此軍到滬四十八小時。必將華軍驅出閘北云云。既抵此。排日竭力作戰。除自身傷亡達五千人外。別不發生效果。士氣爲之沮喪。故只得息戰待援。又以恥言敗狀。欲塗飾外人耳目。遂謂以前皆非正式作戰。遂有所謂提出哀的美敦書之說。彼東京報紙。且謂數日之內。未加華軍以大創者。欲其自有儆覺。免我發出決戰之公文也。虛矯至此。亦從來之所罕見也。

二月十八日記

本日晨九時。英使藍博生。美使詹生。意使齊亞洛。法使威爾敦。約會中日雙方代表於黃浦灘英總領署舉行調停會議。日方聲明增兵來滬。係以保護僑民。我方聲明連日之軍事行動。皆彼方發難。我始應敵。純取自衞主義。次卽討論和平辦法。日方要求我軍撤退。並將吳淞閘北向有之軍事設備。一律撤去。我方以其無理已極。堅詞拒絕。爭持良久。各使從中斡旋。請雙方先規定一休戰時間。以便從容考慮其他條件。亦無結果。至十二時後散會。晚八時四十五分。而此作戰廿一日後之支離怪誕哀的美敦書。遂由彼植田司令提出。致送於我十九路軍蔡軍長矣。以其爲世界之創聞。故全錄如右。

本職基於欲以和平友好之手段。達到任務之熱烈希望。茲對於貴軍。通告左開各件。(一)貴軍應卽從速停止戰鬥行爲。於二月二十日午前七時以前。將現據之第一道綫。撤退完了。於二月二十日午後五時以前。從黃浦江西岸。由租界西北端連結曹家渡鎭周家橋鎭及蒲鎭之綫起算。黃浦江東岸。由連結爛泥渡及張家樓鎭之綫起算。各從租界境界綫。向北二十基羅米突之地域（包含獅子林砲台）內。撤退完了。且在該地域內。撤去砲台及其他之軍事設施。（二）日本軍於貴軍開始撤退後。不行射擊轟炸及追擊動作。但用飛機之偵查。不在此限。又貴軍撤退後。日本軍僅只保持虹口附近之工部局道路地域。（包含虹口公園之周圍。）（三）貴軍第一綫撤退完了後。日本軍確認爲其實行起見。派遣有護衛兵之調查員。於撤退地域。該項調查員攜有日本國旗。以資識別。（四）貴國在該撤退地域外。上海附近之日本人。生命財產。應完全保護之。此項保護。如不完全。日本當采適當之手段。又對便衣隊應一概有效禁止。（五）關於上海附近（包含撤退區域）外國人之保護。容另商議。（六）關於禁止排日運動。一月二十八日吳市長對於村井總領事之約諾。應嚴重實行。對於此項。應另由帝國外務官憲。對上海行政長官有所交涉。如以上各項。不能實行時。日本對貴軍。不得已采自由行動。其結果所生一切責任。應由貴軍負之。昭和七年午後九時大日本帝國司令官植田謙吉第十九路軍司令蔡廷楷閣下　按此書可謂絕世之奇文矣。中國軍隊。駐中國境內。而須外國人指定撤退地界。令其撤退。又並無如何須撤退之理由。一奇也。以外軍侵入人國。既勒令主國撤軍。而云基於和平友好之手段。二奇也。吳淞獅子林砲台。爲中國國防。中國既未開衅。又未戰敗。向日乞和。何以無故自甘拋去國防。三奇也。自一二八彼軍挑衅。發生戰事。距此已二十一日。日日槍砲之聲。飛機之聲。及軍艦之轟擊。遠近皆知。而云此條件不能實行。彼軍始不得已而採用自由行動。然則以前皆非自由行動耶。四奇也。外國人與中國有定約。亦各履行遵守。兩無違言。何勞日本憑空插入商議保護。五奇也。禁止排日運動。係原提條件。所以預防彼此衝突也。今已衝突二十餘日矣。又責以履行戰前之條件。六奇也。彼國持何理由。而遣派司令來華。該司令是何名義。且致我方公文。而不題國名。突稱爲十九軍。七奇也。總此七奇。登諸交戰二十日後之哀的美敦書中恐萬國無此異聞矣。

同時又派其參謀長田代偕駐滬副領白井。謁我蔡軍長廷楷。要求撤兵。蔡氏當答以我在我國布防。任何人不能干涉。故我決不撤防。有人侵犯我防地。我亦斷不寬恕。當令所部迎頭痛擊，如日方覺悟中國尚有人在。撤去來軍。則和平立刻實現矣。彼代表自不能負責作答。遂辭去。

按蔡氏答語極簡明。極正當。極壯直。自來中外外交史中。我國答復外人之詞。無此直切了當語也。當編入教科書中。俾國人誦習之。

本日爲舉行和平會議期間。理須彼此休戰。乃敵軍突於晨七時在天通菴路靑雲路八字橋一帶。開放機槍。意圖挑衅。我軍尊重信約。初不還擊。繼見彼軍在四百碼外挺進。遂亦開機鎗應之。敵忽退卻。十時許。又對我開砲。但十餘響即止。迨晚七時。天通菴八字橋方面。砲聲驟緊。八時後尤密。鋼砲野砲。相間而發。我軍爲節省砲彈。不予還擊。直至十一時半。始對準沈家灣北四川路發砲。

敵立時停攻。

下午一時。敵軍百餘人。分兩組向江灣跑馬廳衝來。我軍步哨佯退。彼恐如前中伏。遂停止不進。我軍突於側方出。以機槍掃射。斃敵過半。我方僅二人帶微傷耳。

敵軍自前在曹家慘敗後。日來步隊不敢進窺。天拂曉時。其停泊浦江中兵艦。忽開砲擊我楊行駐兵。其意仍不忘曹家橋也。然發彈二十餘。均墜野田間。毫未發生效力。

二月十九日記

本日我十九路軍軍長蔡廷楷氏。於午後七時。函復敵方。原文如下。

逕復者。頃接貴司令二月十八日午後九時來函。備悉一切。本軍爲中華民國國民政府所統轄之軍隊。所有一切行動。悉遵國民政府之命令。來函所開各節。業經呈報國民政府。核奪辦理。由外交部逕行答復貴國公使。本軍長未便答復云云。 按此書看似平平。實則隱持正義。以譏刺彼方之野蠻無理也。蓋國際宣戰。哀的美敦書。須出之國家政府。今彼以一司令官。卒然致書。已屬冒昧。且來文中絕未題及奉有政府訓令。更爲專橫可笑。故我以由外交部答復公使爲言。實折以正義也。又彼來文只書十九路軍。不冠以國名。故特鄭重聲明爲國民政府所統轄之軍隊。以特識其認識不清。且表明我方應敵。實全國一致也。

又敵方近來宣傳。謂已得蔣前總司令相告。十九路軍。不受政府節制。與彼抵抗云云。故彼專與十九路軍爲敵。姑勿論其挑撥無理。且彼對北方軍閥。則謂此次之據遼寧擾天津。乃專爲蔣張兩司令而發。令出不意。被十九路軍擊敗。又移其目的。專指蔡軍。國際作戰。乃純用此等卑劣離間手段。恐亦各國所鮮見之行爲矣。

晨二時。敵軍以重砲轟擊閘北。所用爲野砲。曲射砲。目的地則在寶山路以至八字橋一帶。寶興路方面。落彈甚多。我軍回擊之砲彈。多落在靶子場狄思威路寶樂安路北四川路施高塔路之間。彼有軍用卡車三輛。被我砲擊燬。敵又乘砲火猛烈時。派出兵士數隊。隊約二三十人。向我防綫來襲。只虬江路一綫。被我擊斃者。已十六人之多。皆倒於防綫附近。檢獲鋼帽槍枝十餘件。帽上有大衛二字。

晨六時。敵軍百餘人。分組十隊。在翔殷路體育會路。偵伺我江灣跑馬場防地。有數組爲我哨兵開槍嚇退。一組在防綫東西。爲我便衣隊用手槍擊斃四人。有一隊在持志大學前。被我包圍繳械。

同時敵軍又向我吳淞砲台開砲轟擊。彈落砲台灣吳淞鎮楊行間。據守軍軍官推測。皆自浦江對面射來者。

敵機上午在吳淞偵查。拋數彈。落於田間。下午又有五機。在閘北一帶旋繞。經我以高射砲逼退。未曾擲彈。

是日敵軍開到步隊二千名。在租界匯山碼頭登岸。著黃呢制服。綠色鋼帽。軍容甚整。另有馬隊五百匹。又迫擊砲八十尊。每尊長四尺餘。以三人合扛一砲。子彈五百箱。均以卡車運赴北四川路。

午後四時。又到陸軍步兵約四千人。

又自橫須賀佐世保開來軍艦十八艘。內有巡洋艦二。餘俱爲驅逐艦。

二月二十日記

下午三時。敵軍以大砲掩護。向東寶興路我軍防綫攻擊。我軍以小鋼砲機槍還擊。激戰三小時。敵軍退卻。我即乘勝追之。敵退至狄思威路。又回向作戰。是時敵又大舉進攻江灣跑馬廳。亦被擊退。我軍分左右翼。一面追擊。一面包抄。遂與追敵至狄思威路之軍聯絡。成一大包圍勢。至五時後。敵軍心慌亂。紛紛退敗。我軍愈圍愈緊。敵後方大連灣路之守軍。欲赴援。則慮我軍從旁截擊。不赴援則勢孤。不能保守陣綫。亦漸動搖。至六時半。我軍首將狄思威路之敵解決。當奪得野砲六尊。至夜間十時後始停戰。斃敵近千人。彼方以卡車數十輛。裝載屍身。運赴楊樹浦第二紗廠。

晨十時。敵軍以鐵甲車十輛前衝。步兵千餘人繼之。進攻我閘北陣地。我軍前已安埋地雷。至是守兵均伏戰濠內。間放步槍試之。俟其臨近。始施放地雷。當炸燬其鐵甲車三輛。斃其兵士百餘人。又二輛帶輕傷圖逃。被我軍截奪。

下午二時。敵軍二千餘人。以重砲飛機掩護。向八字橋進攻。前鋒則坦克車十餘輛。聲勢甚壯。我軍初仍伏處。間放步槍數響。敵以總攻令嚴切。軍官指揮直進。其坦克車為我軍擊毀一輛。飛機亦被擊落一架。是役敵軍受創至鉅。

我方自下午擊退敵軍後。實興路防綫進展。敵於二時後曾一度以山砲猛攻。以我守禦得法。毫不能逞。

晨七時半。有敵方探兵三四十人。向江灣陣地窺探。經我軍開機槍逐之。彼遂退去。未幾。忽有野砲彈落我防地前面。我置不理。至九時。敵遂以大隊來攻。約步兵二千人。鐵甲車十二輛。藉飛機大砲掩護。向江灣跑馬場我軍陣綫猛攻。我軍亦以迫擊砲機槍手彈還射。愈接愈近。竟致以刺刀互刺。其鐵甲車有二輛被擊燬。敵軍士十餘人。彼步隊見之。遂呈驚慌狀。我軍乘此。益以手溜彈密擲。敵人死亡枕籍。逃出者不滿七百人云。

晨七時。吳淞敵軍。初以山砲野砲。由蘊藻浜對面。隔河對轟。我軍亦相當還擊。至九時半。停泊浦江之軍艦十一隻。亦對我開砲。同時飛機五架。亦擲彈助戰。終以我軍守備嚴整。無懈可擊。遂停戰。

據美報載禮拜六上午八時半。吳淞日本驅逐艦七支。先後用炮火向中國砲台猛擊。先為泊左張華浜鐵路馬頭之一艦。發炮兩響。餘艦即依次發炮。一時炮聲甚猛。中國方面。先則默然不開火。後亦槍砲俱發。有一彈墜黃浦江中。幾中日艦。

二月二十一日記

是日敵軍爲繼續之總攻擊。閘北江灣吳淞三路並進。分配兵力近三萬人。坦克車五十餘輛。飛機四十餘架。重砲齊施。爲空前之大舉。然三路均被我軍擊退。且喪失器械亡算。茲分紀如下。

閘北　晨十時。敵以鐵甲車二輛前趨。翼以黃色制服之陸軍五六百人。向我新民路防綫猛攻。我軍於沙袋中忽發一砲。立將其鐵甲車車牆擊穿。成一巨洞。車遂傾欹。所載兵士。卽跳下先逃。又一車亦開回。步隊既失掩護。經我軍以機槍密射。約一時許。擊斃二百餘人。餘遂逃去。被擊鐵甲車。亦爲我奪得。

晨九時。沿北四川路敵軍兩中隊。向川弓路進攻。我軍在廣東街接仗。雙方巷戰。我軍手提機槍。射擊最力。斃敵三四十人。敵均向靶子場狄思威路一帶敗退。

午前十一時。敵以大砲轟擊我天通菴防地。我軍未還擊。隨有敵步隊一大隊。藉砲火掩護。前進衝鋒。及抵我防綫約百碼地。我卽以機槍手彈猛力擊射。斃敵白餘人。餘向後倒退。我卽出隊追擊。又斃其敵三十餘人。始收隊歸。是役奪獲步槍百五十支。

晚七時。我軍發炮擊敵陸軍司令部。（在北四川路橫浜橋日本小學內）連中四彈。登時火起。燒延兩時餘。聞其衞兵被炸斃者二十餘人云。

江灣　是處敵軍有大砲一百三十餘尊。坦克及鐵甲車四十輛。飛機三十架。陸軍約一萬二千人。分正面與左右翼三路進攻。正面在江灣鎮東北面。左翼在江灣車東站。右翼在廟行鎮孟家宅一帶。自前晚十時。卽開始動作。其居右翼者。因攻孟家宅時。三次被我軍擊退。遂以飛機擲彈。焚燬民房。至今日黎明。以坦克車五輛。排成一字。向前推進。進行至距我陣陣綫一千米突。忽有三車陷入陷阱。餘二車卽停止進行。我濠內戰士。立卽衝出。挾手機槍手溜彈。向敵方步隊攻擊。雙方肉搏。經三小時。斃敵二百餘人。餘潰退去。被陷之三坦克車。均爲我奪獲。其屬敵軍正面者。約三四千人。屢由東北梅園宅及天樂寺萬國體育會進攻。自前夜作戰。本限令於今晨佔領江灣。及七時。乘銳來攻。被我以迫擊砲鋼砲擊退。繼又三次進攻。均被擊退。遂全部向北退去。計此路亦斃敵五百餘人。其屬敵軍左翼者。距江灣車站約二里許復旦大學爲作戰焦點。今晨九時。敵曾一度猛衝。幾彼逼近車站。經我軍拼死還擊。將其擊退。下午敵又以飛機鐵甲車掩護重來。於一時半。敵機拋彈。誤中已軍鐵車。立被炸燬。別有騎兵小一隊。被我於車站東里許。包圍繳械。復旦大學所設之敵軍司令部。遂爲我軍奪得。

吳淞　下午三時。敵軍第一魚雷艦隊。協助驅逐艦二十艘。與陸軍二千餘人。會攻吳淞。同時以飛機十餘架。向要塞拋彈。我軍亦以大砲高射砲還擊。擊斃彼陸軍三四百人。唯吳淞鎮民房。被敵機炸燬者。數亦不少。

晨二時。蘊藻浜南。有著黑制服之敵人三百餘人。在夜色迷濛之際。進至浜口。隨有形似苦力者多人。分抬木桶數十支。用繩結之。藉作渡器。正圖偸渡。被我軍發覺。立以機槍對準掃射。當斃敵七八十人。墜水者數亦不少。餘衆逃去。奪護木桶五十八支。水機槍一架。六八式快槍二百十一隻。又近浦江口一段白馬頭左近。天拂曉時。有敵軍哨船十餘支偸進。我軍佯爲不見。隨有陸戰隊六七百人隨哨船進口。及將登岸。我軍立開機槍掃射。其已登之三百餘人。被我包圍繳械。外又奪獲哨船十七支。手機槍十五支。頭號手電筒三十五支。

本日據十九路軍發表戰報。奪獲坦克車九部。擊落敵機四架。餘械無算。

二月二十二日記

昨夜敵軍曾分路在閘北進攻。在天通菴路老靶子路福生路一帶圖擾。均經我軍擊退。今晨二時。敵方復用空中開花砲彈向我擊射。至六時始止。彈力雖烈。但我軍伏守戰壕。並無損失。

上午十一時。虹口公園之敵陸軍二千餘人。進攻天通菴。先以步兵架機槍向我射擊。另以支隊用野砲掩護。挾來福槍作戰。我軍仍沈著不動。相距百餘步。

敵恐如前中伏。遂自引過。

正午十二時。敵軍進窺青雲路。以砲火掩護。正在搭造浮橋。以便渡過橫浜河。我軍不畏敵鋒。奮勇直前。機槍炸彈齊施。敵遂遁去。遺下工兵搭橋器械甚多。虬江寶興兩路敵軍。有數小隊。掩在民房後窺伺。經我軍派隊前往驅逐。小有衝突。

下午四時。我軍前鋒。已達狄思威路天潼路。

晨三時。敵軍三千人向廟行鎭猛撲。前驅有坦克車二十餘輛。重砲數十尊。我守軍僅有一營。衆寡不敵。只得暫退。至上午十一時。竟被衝過塘東宅。我廟行守軍。見敵深入。卽派精壯兵士由僻徑出敵右方。爲猛烈襲擊。敵正顧前進。突受側擊。軍心大亂。立下令郤回。我軍乘勝追擊。將其全數驅過塘東宅。我卽恢復原防。敵軍死傷達七八百人。下午二時至五時。又倚仗砲力。三次來攻。仍被擊退。我軍以其進擾不已。遂於黃昏時出隊攻擊。將其包圍。一路由楊家橋向廟行正面反攻。一路由談家宅水車頭直進。敵遂腹背受敵。但仍抵抗甚力。經我軍奮力肉搏。殺敵踰半。浜水皆赤。彼以機槍外擊圖逃。我以手彈內擊。前後斃敵約三千人。餘衆亦大半帶傷逃向引翔港匯山馬頭而去。時已夜八時半矣。

晨七時。自川沙開到日艦五艘。向我吳淞砲台猛擊。我亦發砲還擊。約一時許。敵艦並引去。

上午十時。我軍兩營。由蘊藻浜渡河西進。攻擊敵軍右路。彼恃有飛機助戰。接戰甚勇。但激戰至下午一時。終於不支而退。

據軍事官電載。本晨午前三時。敵以全力向我閘北江灣廟行一帶猛攻。經我軍還擊。激戰至現在。陣地前方敵軍傷亡已踰三千。潰不成軍。刻我軍尚在追擊中云云。

二月二十三日記

自昨夜十時後。廟行迤南十里金木村侯家木橋地方。有敵軍二千餘人。被我軍包圍。敵司令部得乞援無綫電。即遣陸軍四大隊。連同八時半潰圍之衆。拚死來援。有坦克車三十餘輛。鐵甲車二十餘輛。爲之前驅。思衝破圍綫救出彼軍。但以彼軍在內。故不敢施放大砲。全以手機槍及步槍刺與我肉搏。我軍應敵。約步軍五千餘人。奮勇異常。又有大刀隊。迫擊砲。連機關槍連。參加作戰。戰至今晨一時。被圍者既不能逃出。援軍又不能攻入。遂少休息。至三時。彼航空隊派遣飛機六十餘架。（又訊全隊出發。共一百十餘架。）向我軍陣地。亂擲炸彈。且以機槍下射。我軍亦漸呈險象。時江灣防軍。立派步兵一團。由敵左翼包抄。乘銳直前。敵軍勢遂不支。其派來援軍。乃後退三里。當肉搏時。敵我夾雜。敵機亦難發展。故我軍傷亡不多。至十時後。敵以砲攻不便。乃專用機槍隊來攻。勢頗猛烈。唯吾軍爭欲効死立功。無不以十當百。至下午二時。敵退去。至傍晚。彼重進攻。其時風雨並作。彼乃先以稻草紮成兵士模樣。分立西南面路口。

以誘我軍。而彼精兵由東北角潛入。但已爲我覺查。卽將左翼兵力增厚。未幾。彼果有四五人一組的步隊四十餘組。匍匐前進。我仍佯爲不知。待至逼近濠邊。正在裝置機槍。我軍猝起。以機槍手彈並擊。彼不及防。被擊斃多人。餘衆潰逃。遺下機槍十三架。

晨七時。我軍曾開砲轟擊狄思威路虹口公園一帶。敵人不敢復出。迨下午三時。彼又發砲示威。我亦還擊。死敵砲兵七名。彈中其公園司令部。

同時敵以二千餘人進攻江灣。經我劉占雄團長躬赴前敵指揮應戰。士氣百倍。不待敵軍立定。卽衝鋒直擊。如急風飄雨。敵以與我軍向來沈靜作戰之法大異。遂自驚潰。我軍乘勝追擊。斃敵八九百人。

黎明時。吳淞口外敵艦。向我砲台發砲。同時有陸戰隊多人。乘砲火中。意圖登岸。被我擊退。

敵方以此次總攻復告失敗。植田謙吉大受陸軍部申斥。遂另設海陸空軍總

指揮以軍政參政官菱刈大將任之別遣陸軍二萬五千人來中今日先頭部隊到五千人

二月二十四日記

昨敵方陸軍五千人自張華浜登岸卽開赴廟行前敵助彼敗軍遂前駛坦克車三十餘輛向我作戰又分兩翼以擊我左右翼我守軍不過三團鏖戰兩日夜未息敵以五倍以上之兵力勢弗能敵彼軍遂取得聯絡勢圍中之敵。亦大半竄出適我援軍兵開到協同拒敵先將被圍殘敵全數殲滅更分路猛撲來攻之敵軍彼乃全部退敗退至侯家橋南十餘里是役敵人被殲實數蓋將四千云

附區壽年師長與申報記者談話一則

敵軍於二十三日在江灣與廟行間作戰時敵軍除有大尉一名名西尾勝大者被我生擒解後方詢問外並斃敵軍第九師團第二大隊長百海實男

一名。當前日敵軍以重兵向廟行鎮與江灣鎮我軍進攻時。我軍最前綫在南沈宅及金穆宅白様宅各一連。當時因敵軍人數過衆。該三連人。乃退至孟家宅一帶。敵軍大部隊追至該處。並竭力猛衝。已越趙家宅至竹園墩。將窺大場。我軍於千鈞一髮之際。急調張炎迎戰。除將敵軍大部隊。先完全解決。奪回原有之防綫外。我軍最前綫。並追至鐘家宅。成爲侯家木橋起。沿鐘家宅陶家灣朱家橋東折。越淞滬路繞萬國體育場至西體育會路與東體育會路至虹口東面陣綫。敵軍昨日進攻廟行鎮我軍時。我軍伏於濠內。未發一槍。敵百餘人。以爲我已退走。遂圖深入。我軍待其走近。擊以手溜彈。彼無一生還。敵擊戰鬥力雖薄弱。然彼敗後二十分鐘左右。又集合成軍作戰。頗可稱美。尤有一佳點。則不易爲人繳械。又其鐵甲車多至百餘輛。雖不能爲進攻利器。然以之防守。則甚得利云。

晨八時。敵擊在北四川路東面者。以開花砲彈。向我射擊。我未還擊。及敵砲至三十餘響。後始還擊約兩小時停止。下午六時。敵又以重砲來擊。亦無效果。至十時。步哨接觸作戰。一小時亦息。

上午九時。青雲路敵軍百餘人來攻。有飛機在空中擲彈。我軍開高射砲。將敵機逼走。隨以機槍手彈還擊。來軍斃彼三十餘人。

同時邢家宅民房內。突有彼便衣隊五十人。挾手槍盒子砲等。沿新民路偷進。被我哨兵查見。立開哨槍。寶山路防軍。聞聲趕至。敵亦開槍抵抗。在來安里之我軍。居高臨下。以手彈擲之。擊斃四十餘人。有五人帶傷圖逃。經我軍追獲。並在身旁搜出炸彈多枚。

是日吳淞有敵機八架。於晨間來偵察。我軍開高射砲擊之。彼即駛去。餘無戰事。

二月二十五日記

晨二時後。敵軍開砲示威。初用小鋼砲。繼以大砲。我軍亦以大砲還擊。有三彈中楊樹浦公大紗廠之日軍司令部。下午四時。軍又開砲。我未還擊。但彼砲彈。亦都未中。

晨十時。敵軍兩中隊。藉砲火掩護。意圖衝過靑雲橋。我軍以機槍應敵。敵乃推出砲車。臨河開放。敵彈尙未發出。我方迫擊砲已射向彼方。斃敵數人。我分兩翼前進。彼砲彈落中間空地上。我軍已衝彼陣綫。以機槍手彈槍刺。奮勇擊刺。斃敵百餘人。並獲大砲一尊。

正午十二時。西寶興路。有敵機三架。前來擲彈。二架爲爆炸機。一架爲戰鬥機。抛下巨彈多枚。炸毀民房甚多。我軍以高射砲射之。傷其一機左翼。乃逃去。

前晚敵軍二千餘人。開向江灣之金家木橋。曾開數砲示威。至今夜一時。又開到陸軍砲兵甚多。遂向我猛攻。先用重砲轟我防綫。我兵未還擊。彼步兵遂藉勢衝入我軍。立起應敵。時天色昏黑。敵不甚辨悉方向。我軍多伏在四周。以機槍手彈。擊傷彼多人。彼更以鐵甲車直衝金家木橋。亦被我阻擊。戰至四時。敵始退卻。我軍未予追擊。至七時後。敵又開到陸軍六七千人向江灣西北之小場廟進攻。自江灣之竹園墩趙家宅孟家宅全綫同時開砲。步兵則密集小場廟作戰。時我守軍甚單。然初不畏怯。竢其距離已近。卽開機槍掃射。相持至十時半。彼無進展。卽調飛機前來偵查。指示目標。砲彈隨之而至。我軍間有傷亡。且以衆寡不敵。遂退至周吳黃宅。踰時。江灣我軍派勁旅來援。由談家宅襲敵左翼。廟行我軍。亦開到千餘人。沿塘東宅水車頭襲敵右翼。退在周黃吳宅之部隊。亦得援兵。於是重振旗鼓。三路並進。將敵包圍。敵亦頑强抵抗。並以大砲飛機助戰。但我圍綫亦緊逼。遂相肉搏。砲彈機彈均不能適用。竟致以槍刺互刺。戰至下午一時。我軍愈奮。左翼我軍之敢死隊。以手彈紛投。敵軍死亡枕籍。士氣大沮。其前鋒見聯絡綫已爲我截斷。不敢應戰。漸向後退。又爲我右翼以機槍痛擊。立斃七百餘人。至二時後。始將敵全部擊退。至三時許。彼又集衆來攻。仍被我軍擊退。至夜間十一時。敵軍始戢蹤盡去。是役計斃敵千七八百人。

奪獲步槍千餘支。機槍十餘架。
金穆宅一役。戰事時止時作。已越三日。二十四夜十二時。我軍兩面包抄。曾斃敵二百餘人。奪獲步槍二百餘支。餘衆負傷逃去。今晨二時。敵方又開到援軍。連殘敵約三千人。再度反攻。護以重砲。意在衝出我江灣東北吳家宅陣地。經我軍奮勇迎敵。肉搏甚烈。雖敵軍砲火極猛。而晝夜之間射擊不能瞄準。我又有一團。由捷徑抄其後方。斷其歸路。敵方得報。軍心大搖。即紛向後退。我軍乘勝追擊。被槍擊暨自相踐踏而死者。達千五六百人。至午十一時。彼集合部隊。向我衝突。但戰鬥力已失。小爲接觸。勢即披靡。遂狼狽全逃。至是金穆宅乃告肅清。
二十四夜十二時。敵分三路進攻江灣。一由虹口公園出發。徑西體育會路。窺江灣車站。一由引翔港出發。至體育會東北。攻我防地。一由楊樹浦之水電村廠。向泗涇橋之小牛頭村推進。三路總數約四五千人。第一路尚未至車站。在大樹圩地方。即被我軍迎頭痛擊。第二路以坦克車爲前導。在體育會之東半里許。與我軍作戰。經我軍以手溜彈迎擊。並以大刀隊衝鋒。其第三路。敵數不多。當進抵小牛頭村。即被我包圍。至本晨三時。遂全部解決。第一路聞敗卻回。第二路恃有坦克車掩護。仍頑强抵抗。至下午四時。始被我軍逼退。總共斃敵約八九百人。

二月二十六日記

晨一時。敵軍百餘人。曾襲擊我天通菴守軍。當被擊退。我軍防綫略有推進。至下午四時。敵復來攻。敵數約一大隊。用重砲掩護而來。我方亦以重砲還擊。激戰約一小時。敵知無可乘。遂退去。至晚八時。又一度來攻。當被我機槍連擊走。但仍發砲示威。夜午有聲。

路透消息。閘北方面華軍。今晨對日軍防地。猛烈攻擊。迄今砲聲已達一小時之久。日軍防綫內某處中砲起火。現尚在燒燃云云。

晨五時，敵軍向江灣廟行兩處，以大砲轟擊，時天猶昏黑，彼砲固難瞄準，我軍置之不理，及七時，敵機十餘架飛來，或偵查，或擲彈，我卽開高射砲射之，彼遂駛去，至十時後，敵以三四百人持步槍來擊，我亦開槍應之，不久卽止，如是者凡四次，蓋彼欲試探我兵力也，或彼因前兩日我軍衝鋒甚猛，彼今日陣後，或已設伏，故屢來誘敵，然我軍始終以敵來射擊，敵去固防爲宗旨，彼迄無所得而退，

同時敵用排砲轟擊竹園墩小場廟之間，因我砲所築防禦工程，異常堅固，得法，故至正午十二時，彼砲凡百餘發，未損我防綫。但民房則盡成焦土矣，

晨一時許，敵軍二百餘人，乘夜來窺江灣跑馬廳，我軍東面放哨槍擊之，而大刀隊已從南面衝入，將其全數殄滅，得步槍二百餘支，

自午六時後，戰事全息，敵軍在白樣宅迤東，爲陸軍一師團，在江灣跑馬場迤北，梁印宅迤東，爲第十一師團之步兵九千人，其在吳淞者。約一師團以上，在

閘北者。亦踰萬人。而海空及海軍陸戰隊之居於兵艦者。尚不在此數。

晨七時。敵機數架。至吳淞擲彈。中有戰鬥機三架。亦廻翔空中。以機槍向下亂射。我軍即開高射砲擊之。彼旋逸去。

敵軍屢奉部令。攻下吳淞。故連日攻江灣廟行。原欲截斷我軍防綫。而計終不得逞。遂思專由軍艦環攻吳淞。今日已將向泊白龍港三夾水楊樹浦之軍艦。全數開向淞港。

附記敵軍誤踐所埋地雷炸斃多人事

上午八時。敵軍千餘人。藉大砲掩護。攻我閘北防地。並於陣後栽埋地雷。欲誘我軍深入。以圖轟炸。戰至九時。彼軍佯敗退卻。我軍並未追擊。敵又再度來攻。我軍即以大砲擊之。彼倉卒更退。以忙亂中迷失方向。竟誤踐火綫。致地雷爆發。炸斃二三百人。我軍見之。遂長驅直追。又傷其三四百人。並獲軍械極多。

二月二十七日記

晨六時。敵機六架。向我閘北陣地擲彈。隨用大砲來擊。我軍還擊數砲。卽雙方息戰。敵機亦飛向江灣去。

晨四時。敵軍以步兵砲兵共組千餘人。由梁印宅周家宅向江灣西北來窺。冀攻我嚴家宅陣地。我軍卽起應戰。戰至五時後。敵恐天明。我軍知彼兵單。遂退去。然猶鳴砲示威。是役聞敵爲我機槍所掃斃者凡一百餘人。又一支敵軍由江灣東南在復旦大學一帶。亦於同時進攻。亦被我擊退。

晨七時半。敵艦二十餘艘。環集於吳淞砲台灣一帶。同時開放大砲。向我攻擊。又有敵機十餘架。自租界方面飛來。拋擲炸彈。勢極猛烈。我軍一面開高射砲射之。一面亦以重砲還擊。相持至十一時。始少息。至下午二時。又來攻。則飛機更多。我要塞工程。略受傷損。但以譚部守禦嚴密。彼陸戰隊凡三次圖登岸襲入砲台。均被擊退。

敵方新派之海陸空軍總指揮菱刈。今日上午十時抵此。隨來者爲陸軍一師團。又特別砲兵一團。於原有諸軍。另行分配。以備總攻。計預備攻我吳淞者。約陸軍兩師團。攻江灣者。亦兩師團。攻閘北者。則一師團。又步兵十大隊。海軍陸戰隊計九千人。則以五千人攻吳淞。四千人攻江灣。海軍軍艦。則以少數停泊浦江。餘俱開赴吳淞。飛機、六十架。亦分閘北江灣吳淞三地。周流飛駛。以備偵查擲彈云。

二月二十八日記

晨二時半。敵軍向我閘北天通菴八字橋一帶。以重砲轟擊。約五分鐘開一次。借砲火掩護中。另組衝鋒隊十餘隊。隊約三四十人。分挾手機槍炸彈等。乘黑夜進襲。我分段守濠之軍。有已得哨探消息而伏處不出。有以哨槍開放數響警敵者。敵兵茫然。有數隊冒險直進。我軍均俟其逼近。戰綫猝起猛擊。於是被我擊斃過半。餘衆逃去。計共奪獲機槍十槍架。步槍二十餘支。

午前十時。敵軍千餘。向我江灣防地進攻。進至萬倉橋。與我軍接觸。互用機槍攻擊。終被我軍擊退。仍在附近地方。建築防綫。預備持久對峙。午後二時。曾向江灣北之嚴家宅江灣南之楊家樓。兩度來攻。亦經我擊退。我軍憑泗塘河拒守。防禦綫至爲鞏固。

上午十時。敵軍千餘人。由大沈家宅周家宅。向我進攻。我軍以正軍應敵。別以兩支隊横衝。將敵軍截成兩段。首尾不能相應。戰至十二時。被我包圍。至下午三時始息戰。是役斃敵五六百人。

晨八時。敵第九師團第十九聯輜重兵六十餘人。在孟家宅左近經過。經我華團派兵兩聯。由水電路抄出包圍之。將其全部解決。奪護手溜彈三箱。步槍五箱。戰馬八匹。

晨九時至下午四時。不時均有敵機在吳淞擲彈。炸燬民房不少。但我軍仍堅守要塞。又有彼二百餘人。曾一度在張華浜意圖登岸。被我以機槍擊退。傷彼二十餘人。

戰記附論

是役也。我十九路軍。初以孤軍應敵。自一二八起至今遂彌月矣。此彌月間。艱苦作戰。論兵力。則敵方有陸軍五師團。海軍陸戰隊九千餘人。而海軍空軍。尚弗在此數。我方則初只十九路軍。不滿三萬人。及憲兵兩團而已。嗣始得奮勇請纓之俞師來援。繼又得張治中軍。及其他零星之義勇軍。然共計不踰五萬人。與敵相較。兵力不逮。幾一倍以上。論器械。則彼方有飛機百三十餘架。坦克及鐵甲車百八十餘輛。大砲百六七十尊。他利器爲我所未備者。更不知凡幾。而我方飛機。除前此在眞茹一度作戰後。未嘗再爲前綫軍士掩護也。坦克鐵甲之車。開花煙幕之彈。或少或無。論金錢。則彼方除原有軍隊經常費外。此次另撥戰費。用之淞滬一隅者。聞已踰三千萬。我方則政府接濟與獎金。吾儕小民。無從知之。此外所恃。唯市民與華僑勞軍之資而已。若夫海軍。則彼方小軍艦環吳淞浦江而泊者。五十餘艘。阻我便。助戰尤便。而我則無一焉。就四者論。彼著著占優勝。我著著占劣敗。然截至今日彼軍傷亡枕籍。彼國報紙所載。謂已踰二萬人。分攻閘北江灣吳淞三線。曾不能得我尺土寸地。然其暴行劣點。既深印吾民之腦海。兼爲歐美人士所目擊。登諸報章。宣諸環球。且有此一戰。而吾族自衛力之强。亦爲各國所稱美。於是國聯專以和平責彼。而允我代表要求召集特會。美國務卿更有不承認日方約外取得利益之宣言。嗚呼。是皆我前敵忠勇將士。舍身家。亡生死。以肢體膏血。所換來者也。夫此三十日。已成過去。彼白川梟將。又帥重兵來矣。我作戰彌月之士兵。伏則居深濠。出則應强敵。旰夕弗息。人非鐵石。烏能持久。政府所遺之援。已出發耶。未出發耶。抑終不出發耶。吾儕懼爲倭奴之民。唯延頸含涕。迴腸屏息。以望之矣。他何言哉。

雜記類

義勇衞國記

衞國禦侮。國人應盡之天職也。但戰事非人人所習。戰區非人人可至。故能戰者禦敵。不能戰者。任輸送。任交通。任工程。任衞生。無一非衞國。即無一非義勇軍也。第其編制不一。已否實行參加戰事。亦匪局外所能盡悉。茲特就各報所載者備記之。以見吾民同仇之壯志云。

上海已成立之救國義勇勵志社。自滬市長接受日領要求。已於一月廿七日。諭令解散矣。迨戰事既作。該社遂預備參戰救國。其第一部隊。已遷入方浜路廣福寺。廿八日往報名者。已踰三百人。

上海市工會。現着手組織輸送嚮導衞生等隊。並將各工會集合二千人。由總會委員李永祥。率領向十九路軍接洽參戰。

復旦學生軍一排。二十八日。往投七十八師。已由翁旅派其在後方擔任宣傳。

國民救國會。已將義勇軍一律改稱國民救國軍。實行參戰。現有約五千人。分駐閘北太陽廟一帶。

上海市民。激於忠憤。紛紛求請軍事當局。准其入伍。聞十九路軍已允其請。分組抗日決死隊三大隊。第一第二隊。已編制就緒。開始在閘北活動。至第三隊。則就義勇軍勵社改組。

滬東民衆。見日軍無端犯境。殊深憤恨。自動組織便衣隊。數約三百人。由隊長孫華山率領。於二月一日晨一時。在江灣路附近鄉間集合。擬向日軍防線進攻。適有被十九路擊退之敵百餘人。由江灣引翔港方面潰退。便衣隊當卽迎頭痛擊。當擊死日兵三人。便衣隊死七人。傷三人。戰約半小時。日軍敗退。向引翔港江邊登艦。二時半。我隊開向引翔港。擬奪回日軍佔領之五區四分所。行至離所半里許。爲敵所覺。卽開機槍掩射。我隊只攜手槍大刀等。無力抵抗。卽卻回。

按乃至確之事實。爲吾民奮勇殺寇之先聲。殉者七人。當求其姓名。馨香以祀於國社。

上海各大學義勇軍。准於二日下午一時。齊集西門少年宣講團。以便整隊開赴前敵。

中國退職軍人抗日義勇軍。於一月卅一夜。遇敵軍便衣隊於青雲路。曾與衝突。隊員王子清受傷。該隊司令部。現設閘北潭子橋。

馮庸大學。自北平來電云。十九路軍全體軍官鑒。庸准本日率同敝校同學。直趨滬浜。濺血殲倭云云。

上海各大學義勇軍。除隨時加入軍隊。擔任後方防務外。復招募救護隊。一日之間。報名者達三百人。各中學抗日救國聯合會。現亦籌義勇軍救護隊之組織。

上海市民聯合救國義勇軍委員會。昨發緊急命令。限各分區義勇軍。卽日集中。出發往前方工作。第五六七各分隊。已於前日在閘北工作。成績頗佳云。
北伐軍舊部吳越。組織華僑救國義勇軍。現已發出通電。
上海水木業義勇軍工兵隊。由隊長張世發。率往眞如作後方輸送交通等工程之工作。
勵志社義勇軍改編之決死隊第三大隊之第一隊。已奉十九路軍命令。開赴前線。擔任衝鋒工作。
各大學義勇軍五百餘人。及救護隊三百人。已奉翁照垣旅長命令。集中太陽廟。現由該軍代理司令顧得剛。參謀兼指揮連丕烈率領一批出發。悉開前線。後方則由甄極星孫昌基留守。
市民聯合會義勇軍五百名。由總指揮王屏南率領。開赴閘北。經十九路軍予以救國軍名稱。（第十一中隊）至給養等。則由市民自籌。
市聯義勇軍委員會。卽日組織救護隊。赴各區工作。計分二十五區。總共一千餘人工人義勇輸送隊。共五百餘人。已投効十九路司令部。擔任輸送兼及掘濠膳炊等工作。總工會令全市工人。分三組擔任後方工作。一擔任搬運陣亡屍體。一嚴密查察敵方浪人。一協同警察。維持後方治安。抗日決死隊第三大隊。由漕河涇轉赴前敵。已由十九路軍。按名發給槍枝。又郵工義勇軍。亦陸續開赴前方。擔任遞送交通工作。又市義勇勵志社現歸十九路軍七十八師指揮。

退職軍人義勇軍。前晚在天通菴斃敵廿餘人。連日擴充部隊。參加作戰。該軍司令六八老將仇鸞燮氏。已委任邱維明為六師師長。吳渊珊為參謀長。張純根為第二旅旅長。司令部設閘北平江公所。即日集合所部。在閘北助戰。邱師長卒業美國彙司龐得海軍學校。回國後。久任軍職。學識經驗並裕云。

按吾國連年內戰。退職軍官。退伍兵士。遍地皆是。但與其為一黨一人殺同胞。曷若為全國國民爭國權。且作戰既富經驗。臨陣必多勝算。為一身名位計。亦宜同出此途矣。

十九路軍新編之抗日決死隊。共二十二大隊。已委定各隊長。計第一隊王達文二隊徐振華三隊王兆奎四隊謝剛五隊范光正六隊楊建平七隊劉剛八隊劉文誠九隊周慰唐十隊廖秀山十一隊王星福十二隊席文瀚十三隊劉新荊十四隊王震十五隊毛羽豐十六隊官天行十七隊周恆升十八隊毛開十九隊胡庭二十隊陳寶之廿一隊魯鈺珊廿二隊吳國章另設諜報隊及參謀等處。

按吾民近習國家有事。恆羣起結社集會。以謀挽救。出自忠憤愛國者固多。而假此樹名圖一己之活動者。亦復不少。其藉以射利。或少年興高趁此跳盪者。更勿論矣。積習既張。社會羣衆。遇是類舉動。輒懷疑沮。實心愛國之士。且羞與爲伍。蓋可慨也。上記各條。固非此類。殺敵致果。已箸實績。足一洗而向來空言之恥。望我同胞。聞風繼起。共拒暴寇。箸者不敏。執鞭以竢之矣。

又如請願宣戰壯舉也。亦苦心也。而學生赴京。必强乘頭等車。叱逐旅客。似乎有背初衷矣。筆者去年十一月北上。經浦口。遇學生請願團歸。在車中歌笑自如。有西女士旁睨而笑者。吾爲赧汗。及翌晨至臨城。羣呼嘯下車。爭購市脯餅餌。擾攘之狀。匪筆能述。是望有心人一矯正焉。

國民勞軍記

此間中學聯合會。昨開十校聯席會議。議决撥基金二千。犒前敵軍士。並組織慰問隊前往慰勞。　孫哲生氏捐款十萬元。派陳慶雲氏攜至前敵。爲十九路軍犒軍費。　女界慰勞會代表黃宗漢氏以五千元餅干送給前敵將士。　陳銘樞夫婦組織愛國軍人救護隊分六隊出發前敵。　南市源昇久豐兩錢莊同人醵資二百元。送犒十九路軍。〔此商家首先捐資者故特記之〕　一月廿九夜有義士特送麵包一百包至前敵。　卅九銀行界派代表送十九路軍犒軍費五萬元。　西顏料業同業公會備麵包五千包罐頭筍三四千罐。送犒前敵軍士。 以上爲戰事初起首先出資或備物勞軍者。同時成立勞軍會者。則有婦女慰勞護國將士會。婦女救國大同盟會等。

上海電氣實驗研究會購送麵包二百磅。 上海地方法院除捐廉外特捐二百餘元購送慰勞品物。 交通大學學生人捐勞金一元。 中國墾業銀行捐送一千元。 紙業公會捐送二千一百十元。 商業儲蓄銀行同人捐送四千元。三新廠捐送一千一百十二元王梓康會計師事務所捐送銀二百兩又廿五元。 義品銀行捐送牛肉餅干等。 義大號送食物五大箱。 藥材業公會購送物品值六百元。 建築協會捐送牛肉一萬罐。 鹽務稽核所同人先送二千元。 紅十字會收到勞軍食物甚多內有八齡幼女送餅干二包謂係其母予彼點心者海甯路一苦力持大餅四斤送與傷兵。 廣肇公所初次捐送物品值一萬元。 以上皆二月一日前繼起者以後多不勝紀只記其多數及殊特者。

中華勸工銀行捐送牛肉干罐餅干五百斤麵包五十袋。印度人蘇嘉生五元。三陽南貨店捐送大油包二千四百支。一月卅一日委託童子軍送往前敵計藥水棉花百六十鎊藥水紗布卅鎊麵包大餅二千三百五十件。西萬興粢糕五千塊。市臨時救濟會者乃江蘇國難救濟會中華職業教育會生活週刊教育界救國聯合會。銀行公會。交易所公會。所共同組成者也捐送食物七大車。由張嘯林許克誠等送往勞軍。會計師公會在建築會所基金撥送三千元。潮州旅滬同鄉會捐送物品值六千元。報界工會先送麵包一萬個。上海市商徵集勞軍物品第一辦事第一日收現金八萬零八百卅三元星期日亦收到一萬六千零六十三元。第二辦事處收到食物用物多不勝記。報紙有清單。華商電氣公會捐送毛巾六百條。麵包四千包。牛肉四百罐。餅干一千元。方企賢個人捐送饅頭一萬鹹菜二百斤。廣東俱樂部送汽油一百聽。吳淞全鎮市民捐送房租一月。有陳君未署名者捐助銀一萬元。上海國貨工廠潮州同鄉會各捐送汽車兩輛。盛燮生捐送汽車一輛。機器脚踏車一輛。金宗誠汽車一輛。某汽車行華人捐送汽油四百聽。新藥業捐送藥品甚多。新閘路斯文里房客自動捐送二百廿元。江海關華員第一批捐款一千七十元。中學抗日會又送牛肉一千鎊。四川同人會送火油一百聽。電車工人先捐送三百元。印刷界志士楊錫元賣產勞軍銀三百元。妓界三女子捐送毛巾千二百條。帆布鞋四十雙。爪哇公局一萬元。史量才一萬元。澳門銀業同福堂五千元。金門會館一千元。陳延謙二千元。小呂宋華僑救國會一萬元。香港疋頭行一萬二百元。普益商會六千元。舊金山華人會一千二百三兩。眼鏡業捐送風鏡七百付。某聯合會一千元。律師公會三千元。德商美狄根洋行捐送大批醫藥品值一千七百元。香港電陳濟棠談廿九日匯小洋廿萬元卅日匯大洋廿萬元勞軍。廣州銀行公會捐助十萬元。江蘇高等法院及上海第二特區法院職員捐一千元，哈瓦斯二日渥維大電坎拿大華僑集資數百萬僅溫哥華已捐得一萬六千美金此種匯款以爲民國禦侮之用又西部坎拿大銀鑛所出之生銀十噸值十千美金亦將設法匯來。綢緞業勞軍費先送五千元。甬同鄉會捐集之現金食品亦多不勝紀。駐申閩南商人捐送一千二百六十八元。康亮卿家女傭劉蔣氏五元。水果業捐送跑鞋一千二百雙雨衣三百件黑棗四千斤。法公董部華員捐送毛巾一千二百條牛肉一千八百罐麵包五千個餅干五百箱。紗布經紀人捐助二萬五千元。物品交易所經紀人捐送軍用水壺一千隻。汪裕泰茶捐送汽車一輛汽油一百廿聽。李宗黃捐二千元。岑春煊捐一萬元按岑君比歲以來房產變賣一空幾於無費養老乃能毀家勞軍諸大軍閥坐擁厚資者能不愧死。楊嘯天夫人等捐送絲綿背心一千五百件。滬甯滬杭兩路同人捐送一萬元按滬甯路被燬後聞薪金欠發而同人乃能踴躍捐資久任交通在公共租界張園一帶置房產二千餘萬者不聞捐助毫釐眞非人類矣。律師公會開會議決捐款至低限度爲十萬元。閩南旅滬商人續捐一萬元。跑馬總會同人共捐二千七百六十二元。棉布公會一千一百元。貝潤生捐助一千元。銀行公會連前載共捐銀十九萬元。許州甯紹旅民捐匯五百元。潮州同鄉會又捐雨衣三千件絲棉背心三百十六件鐵三百担。北平燕大教職員捐匯一千元。菲僑續匯三萬元。粵港商民聞已集得勞軍費二百餘萬元。又北平各界抗日會捐匯五百元。八屬三邑會館華僑有匯卅萬來滬勞軍之說。菲律濱華僑款十五萬元勞軍。美洲福太總理黃德清洲匯濟五萬元。坎拏大華僑匯二千五百元。美國杜路斯華匯二千一百卅兩。有平性居士書告國人組織酬恩會並倡捐五百元。軍裝會同業捐送一千元雙輪足踏車十四部跑鞋二千四百雙棉布背心四百件。太古洋行華員共捐送一千七百餘元。紐約華僑匯一萬元。天津庸報匯二千元。杭州痲瘋院病

友捐卅一元　三友社捐送一萬二千九百餘元，徐慶堂李詠棠王舉孫各一千元。小販江裕德鄭振鐸各五元。

按以上特舉其大數及殊特捐款者記之。罣一漏百。知所不免。就所記觀。吾民憤日寇之橫暴。愛我軍之衛國。其心切。其志堅。其氣壯矣。有此忠勇之軍士爲前驅。同仇之國民爲後盾。而猶欲不貫澈抵抗主義者。其爲賣國通敵。誠百喙莫辭矣。抑吾尚不能無惑者。則除華僑粵商與就地市民勞軍踴躍。輸將恐後外。其外埠士商匯款來助者。僅燕大教職員天津庸報許州甯紹同鄉會等數注。已覺寥若晨星。至當道諸公。或久綰權要。或坐享華膴。而除孫哲生君勞軍十萬外。他無一聞焉。豈自居於同仇敵愾之外耶。抑視此爲弗關痛癢耶。吾謂諸公稍節其宮室車服飲博狎邪之資。足供半年拒敵之費而有餘。此半年中倭人內變必作。彼變作。我之桎梏脫。網羅解矣。是諸公昔雖貽誚於素餐。後猶可收譽於輸粟。桑榆之補。吾跂望之。往著者嘗游三韓矣。其富家巨室。受日人朘削侵賊之狀。實非楮墨可罄。有故王室李某。及世爵金某者。皆漢城富室也。自日韓合併。日官廳既勒取其鉅資。而彼奸儈浪人。又假開公司興實業。以騙蝕之。知爲騙局矣。訴之法庭。事固不得直。更追訟費。今李已自殺。金則設小肆賣菸草爲活。吾望全國同胞。勿視此爲上海一隅事。不幸而倭人得志。其朘削侵賊我，正與施之韓人者等。今十九路軍。暨五路軍。將士卒夫。舍身家忘生死以爭者。卽爲吾同胞爭免他日受朘削侵賊之苦也。升天堂。墜地獄。在此一關。望吾人其速興起。勿任右所舉之女傭小販。專美於前。更勿任慷慨助我之印人德商。匿笑於後。庶幾乎全吾四千餘年開化最先國國民之人格矣。若夫潮州甯波同鄉會。上海市商會諸君源源傾助。慕集奮發者。我國人尤當奉之爲圭臬也。噫。

日軍暴行記

一月卅日。有甬人任秀春者。居橫浜橋友人肆中。日兵誣指爲便衣隊。反縛至狄思威巡捕房。旋押至日兵營。先幽禁一室中。室內先有華人卅餘。旋提出拷問。先由敵兵拳足交加。繼由彼軍官傳令按於地上。大加鞭笞。其實彼我語言不通。亦無所謂訊問也。至下午三時。始在手背畫一黑圈。將其釋出。

按戰後敵軍此類暴行。多不勝記。以此為開宗一章。故特書之。且以見工部局任其佔踞租界之違理失計。至軍事期間。拘捕間諜。亦事之常。特無端加諸平人。已屬蠻橫。況語言不通。並未訊問。徒事淫刑。是其有意淩踐吾民。並非為軍事上之防範也。

中國公學教授何耀華及周建人。任白濤夫人。同居橫浜橋景雲里。忽有日兵登樓。向各人身上搜查。見案上有日文藝術論。詰以何故敢藏此書。何卽據理答之。仍被拘出里。路遇一持鐵棍之浪人。將周頭上猛擊。周卽倒地嘔血。繼又將任夫人毆打。然後一同解至日本小學。拘留室內。凡三小時。乃由彼軍官嚴厲拷問。何再三剖辨。始得釋出。周現尚未愈。　檳榔路十八號敵海軍司令部見華人形跡稍異者。卽拘拷。若言詞遲鈍。或無職業者。卽槍殺。殺後將衣服剝去。屍首拋藥水池中。　虹口浴室。忽來敵兵一隊。將浴客全數綁去。中有捕房下差華捕二人。綁至司令部門首。見彼方正以麻袋運運兵屍上船。隨將該捕易以和服。飲以藥酒。幸其機警。吐去大半。未失知覺。見有西捕路過。大聲呼救。述明號數及職務。乃被救出。但飲藥酒後。足力甚軟。又一捕則中毒深。現尙在救治。據所述如此。情節頗怪。有人謂彼無名興師。國人多有怨言。是類行動。蓋將綁去之人。易服殺害。裝運回國。誣稱彼族。爲我所害。以激其國人之怒。其殘忍離奇。眞匪所思存矣。

一月廿九日至二月三日。北四川路一帶。被難人民。爲敵軍槍殺者。凡四十餘人。捕去不卜生死。與未知下落者。不知凡幾。

紅會某職員云。一月卅一日晨在虹口救護難民。突來日軍一隊。逢人凶毆。有一十齡幼孩。被敵在身上搜出小洋刀一柄。卽用以猛戳。此孩立卽斃命。

紅會第二救護隊隊長薛振翼云。據一傷兵談。六三花園有敵便衣隊四十餘人。刼去三女學生。輪姦之死去二人。我軍馳往。將敵擊斃。始將一生救出。現送虹口某醫院醫治。

吾友饒子祺。住中虹橋四戶共居。戰作。卽議遷移。同住一留美學生顧姓者。力言日人久受歐化。自有相當程度。租界斷無危險。乃二月五日正午。突來日陸戰隊便衣隊二十餘人。不問情由。將男女十七人。一併拘禁日本小學。凍餓一夜。次日午。始有一海軍軍官。及一藥房商人同來（作通譯者）。逐名詰問。幸饒顧均素識此藥商。始獲放出。中一湘人家有軍服。强指與軍界有關。當詰問時。便衣隊在旁。以木棍頻頻擊之。並將其僕人縛在樹上。以皮鞭重抽。當饒釋出時。此湘人尚在禁。生死未卜云。

紅會救護隊員得彼方總領事許可。派日員同往。詎行至蓬路。遇彼哨兵。卽呵阻。經日員通知。竟置不理。舉槍欲擊。該隊員只得卻回。

大陸報云。日軍所捕中國俘虜。禮拜日。有一百五十名受極刑。其死法。先將手槍塡其後背。然後拔機射死。　又載一華童。俯身欲拾一石片。當被日兵擊死。

小沙渡路日華紗廠。前有小工十三人聚談。忽被敵陸戰隊趕上。以槍刺亂戳。逃去者。即開槍擊之。十三人同時畢命。

電話局職員朱某。被拘放出。據云。在武昌路三元宮。親見日兵縛一婦人。將其乳頭割落。又一男子。眼珠墜於眶外。

粵人李姓。餅師也。家在義品里。一月卅日。冒險攜其家小。欲逃入租界。突遇敵兵六人。先開一槍。將李妻擊倒。李女攙將其母扶起。亦被彈倒地。李即飛逃。敵亦後追。幸遇我軍。軍士開槍卻敵。其妻女生死。則不可問矣。

梹榔路十間房居民。被日軍殺傷。棄屍蘇州河北日華紗廠對面河邊。凡男屍十二具。均遍體鱗傷。今已查得姓名。一郭有正。清江人。二沈長芳。阜寧人。三丁麥堂。泰州人。四張錦堂。阜寧人。五王懷雨。阜寧人。六許義。阜寧人。七崔炳裕。阜寧人。八潘正金。淮城人。九王鳳才。阜寧人。餘三人尚未查出。

老靶子路口五洲藥房。被敵軍搗毀。隨將店員檢查。並將店主項松茂捕去。至今尚無下落。

商務印書館。東方圖書館。暨南大學。均爲敵機以巨彈炸燬無完。

虬江路寶通路寶興路天通菴路一帶。及江灣全鎮。吳淞全鎮。廟行全鎮。均爲敵炸彈大炮毀爲平地。蓋不在戰事區域之地。敵機亦隨時擲彈。戰區被禍之慘。自勿論矣。只閘北一區所燬房屋。達六千幢云。

持志中學。及法學院。同濟學院。均被其焚燬一部分。

字林西報載。美兵在海防路。遇武裝日人兩隊。向華界逃難之民開槍。槍彈由美兵頭上飛過。經美兵拘獲九人。又美兵防區內戈登路一百零二號。日人槍斃華人二名。外白渡橋蘇州河轉角。一華人正過橋。日人開槍將其擊倒。復將其拘送日俱樂部。又中國汽車夫一名。在百老匯路。爲日兵擊斃。日陸戰隊搜查行人。遇華人答對少遲者。卽拘送戰時防所。下落不可知也。其後備隊更爲蠻橫。有西捕頭見日兵無故向華人叢中開槍。又百老匯路。臥一中國男子之屍。滿身皆刀與槍刺之傷。上海商團日隊員。曾用槍刺刺傷一無辜之華人。復將其同伴。綑綁入一貨車中。

大美晚報載。德人皮克夫婦。英人克利恩。又愛理斯夫婦。與其兩童。寓虹口花園之林肯里。陷戰區五日。始得出險。據謂日人突攻閘北。彼等雖請諸日當局。而毫無效果。意欲逃出。非爲日便衣暴衆所阻。卽爲日水兵以槍刺逐回。皮克因其本國領事。囑其勿以一切情形。告知報館。克利恩尚未晤其領事。曾述其窗中所見慘狀。令人閱之心酸。克曰滿街死屍。羣犬爭食。吾人開槍。犬仍不散。但見一黑影蛇行入屋縱火。室中華人奔出。卽遭槍斃。有男有女。有孩童。對街華商店主婦。抱一嬰孩。正欲離店。卽斃擊倒。次日睹之。猶緊抱其子。臥地呻吟。始由吾僕救起。（揚州十日記。無此慘狀也。持不抵抗主義者。讀此亦稍動心否。）華人欲移屍歸去者。輒爲日人用來復槍機槍轟擊。又云。日人非常殘暴。遇見華人或棍擊。或槍戳。或彈炸。雖幼童亦不能免云。

大美晚報載。前月卅日。衆西報記者。往北四川路查視。日海軍才猛攻閘北。忽一大貨車。由日軍保護。滿載引火物。由靶子路向奥廸安戲院衝去。後又有大車數輛。滿載煤油。當得數西人報告。日兵到處開蓋司林。隨開戲院後一汽車之添油被掠去。西報記者得此消息。卽刻向北查看。該戲院附近之店面。已被焚矣。視其火勢。實是由人潑油燒成者。日軍旁觀甚樂。工部局救火會往救。日人又加阻止。其放火已可證明矣。其後天津日人通訊社。傳出電訊。謂此火乃中國便衣隊所放。日本新聞記者。如此無恥。實屬可恨。　又公共租界工部局消息。上星期五。日本報界公會。發表聲明書。謂租界巡捕。及救火會員。自動的暫停其職務。此無事實。完全不符。巡捕既因無法行使職權。而救火會乃係應日本海軍當局之請。而停止職務者。云云。

至其對於外人。亦時侮辱。如德柏林畫報駐滬記者艾烈爾女士。曾被拘入陸戰隊司令部。　字林報載美國十五齡童子强生。居施高脫路。日兵忽入其室。將其拘去。　美萬國影片社駐中記者許果白。禮敎嘉倫李星衢。在北站攝影。爲日兵開槍阻擊。幸許等機警。得逃去。然此四人均係日軍當局給有護照者。亦幾遭險。其無理可想。

紅十字會美女醫士某。赴眞茹。上午十時。在暨南大學門前。爲日飛機所見。用彈猛擲。將汽車炸翻。女醫士傷一臂。地亦炸一大洞。

美副領事在虹口地方。亦曾受日軍侮辱。現已由美總領與嚴重交涉矣。

按敵方所藉以愚惑歐美諸與國者。卽謂吾族野蠻也。不圖戰事發生。吾軍人既守約尊重租界之中立。不予日軍以深追。其遇外人。彬彬有禮。亦絕無此類事發生。宜美報之屢致頌揚矣。

按敵軍以大炮轟擊。飛機擲彈。雖云殘忍。然彼此既取對敵行爲。尚有可說。

至其在戰區外殺人縱火。已野蠻無理可論矣。更藉租界爲軍事根據地。卽在此地內。無端捕人。動輒數十。渺無下落。派兵放火。且阻止救火隊之救護。擊斃之人。復不准收屍。以飽犬腹。凡此種種。直同野獸。無絲毫人性矣。遭彼殺害之人民。焚燬之房屋。茲之所紀。不過什一。倘政府取抵抗主義。堅持到底。將來統計旣明。自有負賠償責任。如往日德人追悔不應酷待比利時者。否則任彼殘殺焚掠而去。吾人寃沈海底。此恨綿綿無絕期矣。對淞滬若此。東三省在彼馬蹄下者。其慘狀更可想像。嗚呼。吾記至此。熱淚霑臆。聲嘶氣結。當路諸公。太平無事。受國人金錢之供億。居則華屋。出則安車。當今之時。彌望焦土。纍纍伏屍。其幸得餘生者。非股傷體缺。卽窮餓無歸。諸公堂廉高遠。未必獲見讀吾此記。彼其心房微動乎。若竟擬諸罪言。吾亦奚辭。

國軍請纓記

著者草是記。有一前題。以告讀者。則我中華民國過去二十年中。過承軍閥之賜。故一言及兵，未有不痛心疾首者，然進窺其實，軍閥固亦良苦，蓋軍官之升黜，不憑戰績，而憑實力，不憑輿論，而憑地盤，人孰不希升擢。遂皆瘁心勞力，以爭地盤擴實力，遵斯道也，在往日則師長可督軍，督軍可巡閱使，巡閱可正副總統，在今日名目雖異，情實正同，然地盤實力有限，軍閥無窮，勢不得不弱肉強食，餉械兵力不充者，恆受宰割，此風創於羣棍割據之四川，漸推及乎全國，苟爲軍閥，必充備餉械兵力，此資何出，則榨取吾民之膏血，既相爭攘，內訌以啓，戰費安出，則敲取吾民之骨髓，吾民至此，烏得不痛心疾首哉。且具此原因，故諸軍閥，皆務保實力，以防人之宰割，務守地盤，以備人之攘奪，若言對外，損失必大，衛國之休名未立，而一己之實力地盤，先恐難保，況乎師法晚唐五代，偏裨可代主帥，子弟可稱留後，居然世業，孰肯棄之。獨我忠勇愛國之十九路軍，首破斯習，奮其孤軍，以當虎狼之日，更有我俞師長濟時，投袂繼起，於是向之痛心疾首於軍隊者。易為犒軍驩頌。稱揚感悅。吾以為聞風興起者。必大有人矣孰知響應之電山積。赴援之師渺然。豈猶不能忘情於實力地盤耶。抑必待所謂整個計劃完成。然後出發耶。而惜乎強橫黷武之大日本帝國。不我待也。雖然。人之好善。孰不如我。袞袞諸公。鷹揚豹變。必有追蹤俞師以挽此奴刦者。吾且拭目俟之矣。

第八十八師師長俞濟時。奮起赴援。於二月十三日全師達滬。即日蘊藻之戰。即出兩團參加拒敵。結果兩軍合作。遂將敵軍完全擊退。忠勇之聲。繼美十九路軍而起。茲錄其出發原電于右。

慨自九一八慘案發生。舉國惶惑。世界震驚。遠戍將士。感泣時深。而我政府始終本和平禦侮之旨。冀求國際公判。乃者正義尚未得申。而倭禍愈演愈烈。始而虛言恫喝。繼而各處慘案。威逼而來。既佔我遼東三省。擾我津沽。猶後得寸進尺。不惜破壞和平。蹂躪我萬商雲集之滬濱。封承長蛇鯨吞之象畢露。濟時等忝列戎行。救國具有決心。以爲天下興亡。匹夫有責。而亡國失地。尤爲軍人之大罪。（痛心之言。亦復正義凜然。同負此罪者。其亦有感于斯言乎。）是以噩耗傳來。義憤塡胸。眦裂髮指。値此國家存亡關頭。爰本中央團結禦侮之旨。請命殺敵。現已全部開滬。聽蔣總指揮光鼐指揮。誓與十九路軍親愛將士。喋血沙場。生死與共。以爲中華民族爭固有之人格。寧爲戰地之鬼。羞作亡國之民。已殖他族。實逼處此。尙望我各界同胞。念祖國之將亡。禍至之無日。凜皮不存毛安附之戒。痛神州之陸沈。閔華胄之奴隸。各竭能力。共挽國運。不使臥榻之側。他人鼾睡。彼獠雖狡。終爲鐵血正義所降服。則區區島奴。何足懼哉。仗義陳詞。還希垂督。師長俞濟時副師李延年旅長錢倫楊步飛王廣宋希濂同叩

此師向屬第五路軍。既已慷慨誓師。振戈而前。隨卽奉到命令。五路全軍。旋由軍長張治中率領。亦出發前來矣。

陷日據新編六十軍第三師陳印潭通電謂，當率領東海沿岸及通海一帶所部，集中相當地點，以接應十九路軍，並聲明無權利希圖地盤爭奪云云。但目下開到何地，未見後文。

當倭人發難，此間孫科等於卅一日，致電各方請援，除何應欽覆稱，現有全盤自衞計畫，決不屈服外，其餘則陳調元徐源泉東電均謂枕戈待命，（目下似尚未得命）張鈁世電。謂當率數萬健兒，與倭奴一決存亡。

自十九路軍應戰通電發出，來電響應者，劉峙卅電，則謂誼切同仇，誓爲後盾，現已應備一切，靜待後命，陳繼承世電，則謂分屬軍人，何甘坐視，理當環甲執兵，以爲後盾，張勵生世電，則謂一俟奉命，卽當追隨左右，蔣伏生電，則謂已請命上峯，誓作後援，楊虎城齊電，則謂憤切同仇，決爲後盾，毛光翔徵電，則謂積極準備，請命中央，聽令前驅，白崇禧陽電，則謂此間同人，業請命赴援，第三師豔電，則謂請纓待命，願爲前驅，卅師佳電，則謂願率健兒作公後盾，八十六師枝電。則謂謹當淬厲以効前驅。孫連仲支電。則謂志切同仇願効前驅。宋天才支電。則謂已電請纓。願率健兒。爲國前驅。顧祝同庚電。則謂當率軍民。誓爲後盾。又雲龍東電。則謂謹率同志。誓死抗日爲公後盾。袁元庚電則謂謹率所部。願効前驅。

馮玉祥李濟深朱培德復孫科陽電。略謂十九路軍拒敵。中央同人。至爲嘉慰。並已積極籌畫。必不使孤軍陷於無援之境。又謂玉祥等備員中央。此次決定大計。曾參末議。誓竭心力。以共艱危云云。

按此電可謂明白切實矣。而吾有不解於馮公玉祥者。其往事之朝捧場夕倒戈。可勿論矣。自擴大會議失敗。伏處山西。舊部軍官無人擁戴。已成不可掩之事實。此次因國難南下。第見其四面奔走。各處演講。自號民黨信徒。而所倚以拉籠各方者。則醜詆中山之曹亞伯也。自謂能指揮舊部。而韓宋梁寵之倫。曾無一電之擁護也。初至此間。諸界歡迎。開宗一語。卽謂此來以拒寇爲宗旨。今則寇至滬濱。已彌月矣。而此自認拒寇之馮大將軍。初未一履戎行。何耶。所謂積極籌畫。不使孤軍絕援之言。果能一踐耶。夫實行乃能持久。虛聲終歸無用。與其服工人衣。以震動無識。曷如服兵士衣。以身臨前敵。若夫奔走聯絡。演講周旋。固政客長技。公雖竭力摹效。亦東施之顰耳。責備賢者。聊發斯言。

曰崇禧復本市各團體電。則謂本集團抗日先鋒之四軍。由邕北上。早抵全州。迭電中央請命。以利軍行。迄未奉復。使我四軍救國熱忱。無由實際表現云云。（按此自非空言。）

張之江曾電蔣請纓援滬。此人重信義。無僞飾。往日作戰。亦著聲績。惜其名爲綏靖督辦。而實無一兵也。

其傳聞已準備出發者。則楊愛源在天津告新聞記者。謂晉軍已準備出動。盧興邦電孫哲生。謂整隊待命。湖南預備歡迎張發奎所部。而滇黔兩省。則已電四川。會商出兵援滬。其聲勢尤大者。則四川一省。漢口删電謂川將領決調六師抗日。且指明劉湘劉文輝各二師。楊森鄧錫侯各一師。重慶寒電謂黃瑾懷族長。招募義勇軍敢死隊。決隨川軍南下。重慶又成立救國討論會。（佳哉名也）舉劉湘為會長。又成都電。劉文輝連日在省府及軍部會議。決定先派兩師及特科一團出發。並通令所部。此次開拔費。概由軍款下開支。不向中央請領。其電中央電各方情詞更為慷慨云。

按從來國家有事。發言最先。響應最捷者。莫如四川。然實際上卻絕不發生效力！不過自旅長以上。羣遣代表。奔走四方。其代表則為其主官乞餉。乞械。乞名義。兼為其本身乞官。或輭求。或恫喝；百態盡備。以老滑之孫馨香當之。且有聞風頭痛之語。他可知矣。彼中將領。割據自雄。於外情茫然莫辨。第欲藉事陽附中央。博取名義。以壓服同袍。故主持正誼。劍及履及。誓衞國家。義無反顧之一類電文。其祕書處皆擬成刻板文字。一遇事故。簽行立發。事實如何，了不過問，蓋自團長以降。分地自守，各有封疆，甲若出兵，地卽爲乙據，孰肯效忠，致失私產，曩日情形若此，故天津大公報，上以魔窟之徽稱，今茲所傳消息，抑改良實行耶，抑仍襲故智耶，吾烏從而辨之，諸公而慨然有雪恥實行之心，請於師旅未出之先，姑先挹護商預征種烟賣煙諸款，以濟此血戰救國之十九路軍，則羣謗自息，省格自高矣，

又各學校軍事教官同發員電，謂明令調赴前敵殺賊，署名者，爲交通大學院略，同濟大學何良信，法政學院熊宣，張域李蔭，邱世傑，江南學院彭漢勛，大夏中學曾朔平，上海中學曹文華，暨南大學蕭學淵，周家，中法工學院邱健民等，而湘人周震鱗等，贛人徐元誥等，亦同時電促何鍵熊式輝赴援，

箸者按，上紀各電，至近者，亦二十日前事也，豈此二十日中，所枕之戈，所整之裝，尚無一備，卽先頭部隊，亦不能出發耶，吾知必有以未奉命令爲解者矣，然中委蔣介石先生，固於十九路軍應敵之翌日，卽急電各軍官各軍學

同志。速行準備。誓與暴倭周旋矣。豈蔣公此電。尙不足代命令耶。設不足代命令。則電等空言矣。以蔣公國黨偉人軍民領袖。當不爲此無謂之空言。況推政府意旨。實外示和平。內決禦侮。自不能徧發明令。致同宣戰。所以十九路軍。自動拒敵。政府卽從而嘉奬之。命師投袂繼起。政府更從而遣派之。奈何我糾糾干城之諸將領。不遵蔣公之急電。不默體政府之深心。迅卽共起殺敵。猶徘徊觀望。坐失戎機。命師長前電所謂亡國失地。軍人大罪。諸君所宜發一深省。　又蔣公向以國府主席兼任陸海空軍總司令。猶之君主立憲國。以皇帝兼海陸軍大元帥也。全國軍隊。皆其部屬。故此電乃發令。非請命也。是記既題曰請纓。未敢僭登。讀者諒之。

論著類

◎論日軍破壞租界中立將永遠危及各國僑民

各國創立租界於我津滬諸埠其取得之手段與理由吾不欲深論而究其目的則欲本國僑民安居界內不逢意外固要點也當前淸光緒十年中法宣戰事亘十箇月安南與桂閩台灣並罹鋒鏑而上海法租界固晏然也我國旣未嘗臨之以兵法國亦絕不借此爲軍事上之活動匪特秩序安甯卽置鐵網阻交通諸現象當日亦未曾有也何則交戰爲一事其戰外商民安居租界又爲一事也迨光緒卅年日俄戰作俄敗退艦隊有駛至上海者其時公共租界當局俄固一份子然絕不容俄水兵登岸其艦隊隨卸去礮械以尊重我國之中立亦絕不敢借租界以活動也今則何如敵軍指揮作戰之司令部設於公共租界拘禁吾民之獄置者公共租界其海陸軍將士器械登岸及出發攻擊與

夫安置射擊我軍炮位之地。亦無一不在公共租界。公共租界者。直日本之軍事根據地也。以事實理由論。辛亥以降。滬南閘北。屢經內戰。我國士兵。從未侵犯租界。雖目下各國同患之共產黨。或時有示威宣傳舉動。而毫無關乎戰事。租界當局。每值開戰。必調重兵。設巨砲。已少近小題大做矣。不圖此次工部局竟以蘇州河迤北虹口之地。全讓日軍。日軍破壞中立。借以攻擊我軍。工部局罔未詰問。即其阻止巡捕執行職務。阻止救火隊員救護火災。明明對工部局之職權。有所侵害。而工部局亦不能問也。何工部之巽懦一至此乎。其解釋之言曰。公共租界政局。由各國共同組成。日本其一也。各國有派兵入界保護僑民之權力。日本亦有也。當時以虹口日僑獨多。故聽日軍駐紮。至其後日軍借作軍事根據地。則工部局無法制止。蓋工部局本身實無直接制止軍隊之權力也。斯言也。不特貽工部局以畏強禦蔑公道之汚點。且足使居留此間之二萬僑民。永遠抱其驚恐。蓋軍事根據地者。對敵方面。勢所必爭者也。日軍可由此進攻，我軍卽可向此追襲。日軍可由此發礮，我軍卽可向此還擊。日來我軍於臨陣追敵之際，仍不忘租界中立之約，從未攻進虹口。不聞工部局有感謝之言也。我虹口商民平日納一分四釐之月捐於工部局，（牌照車捐等在外）今日乃不蒙工部局之保護，一任日人縱火拘人殺人，而因此引起之礮子與敵機所擲之炸彈，其禍害更不可預計，而不聞工部局有道歉之言也。何工部局之疏略，又至此乎。若謂工部局意存厚薄，吾不敢信，但其初也誤認日軍爲文明，我軍爲野蠻，其繼也以吾人無自衞能力，必不敢抵抗，戰事卽無由發生，故不吝以虹口歸諸日軍。今則彼所認爲文明者暴行昭著，不但殘賊華人，抑且侮辱歐美人，復均出諸西報之紀載，而彼所認爲野蠻者，則始終尊重租界中立，未嘗加纖毫之破壞，而其自衞力之堅强，更勿論焉。凡我友邦當各憬然矣。顧吾所深慮者，不特戰事未已，或我軍恢復失地，或日寇再攻滬南，礮火所至，固已難言。且此例一開，勿論何國何時，一遇戰事，皆可假借租界爲行軍區域。則租界之安寧。從何而保。夫此數十里之大地。三百萬之居民。匪千數百之西兵。與數十尊之礮位。所眞能保護也。惟其有租界中立之約。凡預締約者。互相尊重其國家之地位與信約。故無城無塹。而儼然如鴻溝之畫。而今已矣。已爲日人破壞無餘矣。宜乎英美當局。曾發空前未有之命令。囑其僑民至必要時。相機離滬也。蓋亦有見於中立之已破矣。不早圖補救。恐終有實現此事之一日。其危險可勝計哉。可勝計哉。

又日本軍士。特械乘車。可隨時在租界馳驟。而中國軍隊。則必須卸除武裝。此亦箸者所不解之一端也。

◎論我能抵片至半年以上日本必發生內變

國內多事。民氣激昂。則假題外交。或竟引起戰事。俾民衆移其激昂之心以對外。不但可銷弭內亂。且便向外發展。此二十年前之唯一妙策。自歐戰以降。已大不適用矣。匪只不適用也。戰端一開。經濟立絀。社會黨人。乘機相煽。對外軍隊，卽倒戈之先鋒，對外船礮，皆自殺之利器，赤俄倡之，德奧繼起，已成公例，莫或能逃，日人不悟，以其國內財用涸竭，生活日高，窮民衆多，共黨滋蔓，當四年前，聽軍閥主持，卽欲發難我國，而以民衆一致反對，立憲國家，究不能過越軌道，議遂中止，然軍閥野心不死，又值我方憤怒於濟南之事，標語打倒。經濟絕交，時有所聞，敵乃附益其詞，激彼國人，大阪諸地之財閥，皆賴通商中國，以致厚貲者也，抵制日貨，固所痛心，至是財閥軍閥，協以謀我，而去年瀋陽之變作矣，變作之後，殖民之利未收，排貨之風更烈，自去秋以來，對我貿易，幾等于零，其工商小民，已不免嗟怨，海軍軍閥，更進而演成淞滬之慘劇，攻戰彌月，用財幾四千萬，調兵至八九萬，死傷踰兩萬餘，於是出征軍士之家屬，因軍事征輸物品之工商，人人切齒，共黨亦日活動，而禍變猶未卽發者，一則政府尙以得滿洲全境殖民爲號召，一則其警察憲兵彈壓之能力，然此二者未可終恃也，關東三省。昔日綠林之豪客，今日抵抗之義民，遍處皆是，日人如事墾殖，卽是自投死地。如皆挾兵自衛。則傾其續後備之兵力。亦不敷支配。況鐵道時間損掘。運貨時聞截掠。工商之利。更未可卜。憲警之力。俄德尤強。大局一變。亦皆束手。苟我政府能順民心。東收失地。南拒敵鋒。獎導義民。排貨焚船。不出三月。彼變即作。軍閥頑強。遏制必力。反動愈烈。再歷三月。饟源斷絕。諸軍反戈。傾覆皇室。另建共和。一定之理。操券可獲。蓋其窮民慘戚。去年夏間有煤礦工人全家自殺者。一時社會震驚。而海陸軍士。應徵入伍。或不出本願。或雜以共黨。平時發彈極少。防範綦嚴。一遇變故。二者交煽。安能倖保。觀於彼方中立報紙之論調。及少數敵機所散之傳單。（即此次在陣地飛散者。略謂與中國作戰。全是軍閥及資本家之策略。警告民衆早日醒悟。並力述勢力資產階級享用之侈泰。與貧民小工之困苦。言極沈痛。新申兩報已譯登其全文。）蓋已昭昭若揭矣。舍此不圖。待彼事變既定。軍閥更盛。則我將永居陷井。欲拔莫由矣。邦人諸君。幸早謀之。

◎否認中立區域論

自去冬敵軍逼近錦州。於是劃立中立區域之論以起。然未成事實。敵已越錦寧而趨楡關矣。至滬戰發生。此論復興。然實敵方愚惑友邦之讏說。與中外人士不明事理之浮論。請得詞而闢之。蓋鄰國犬牙相錯。界址不明。有暫時畫定中立區域者。國際間互爭殖民地。致啓爭端。有暫時劃定中立區域者。有弱國被人侵略。退敗而後。和議未成。友邦居間調停之際。有劃戰地爲臨時中立區域者。各國往事。大都若此。而今日淞滬之戰。三者無一焉。何爲而有是議耶。據公理論。我軍自守疆土。本我國權。他人不容干犯。我軍對於租界中立。始終尊重。卽界外外僑。亦始終安居。並侵犯我東省之日人。其商民居住淞滬者。我國軍隊。亦未絲毫加以傷害。地方秩序如常。原無責我撤軍之理。軍且不當撤。區域何由而成中立。夫國際公法。獨立國之境地。外國軍隊本不應無故開入。我國獨立國。淞滬固我獨立國之境地。外軍開入。已屬悖理。況無端讓其代管哉。

此當否認者一也。據事實言中立區域之設。原欲暫保其地之不受兵禍。然公共租界固中外共知之中立區域也。而日軍據爲軍事根據地。行使其非法舉動。一月之間。破壞無餘。以原有之中立區域。彼且破壞之。俾受兵禍。何以知新定之中立區域。彼能不加侵害。設彼仍視爲第二公共租界也。此防守中立區域之友軍。將若何應付之。矧此中立區域之地。我交通之樞紐在焉。我國防之要塞在焉。我未戰敗。拱手讓人。民衆自不免憤怒。萬一發生意外。此防守中立區域之友軍。將據何理由以彈壓之。若卽以武力遏制。是防守中立區域者。不過助日軍而取對敵行爲。名爲維持和平。實則擴大破壞。此當忍認者又一也。我本有警察。（我國警察。維持治安。視租界爲優。中外久有定論。卽公共租界捕房亦嘗聘我北京警官。來此敎練華警。今尚有多人在此供職。並著成績。）本足維持治安。苟日人無搗亂行爲。日軍無侵略野心。閘北全境。國軍且無住紮必要。更何須別畫中立區域。借重外國軍隊。爲之守禦哉。我敢正告諸友邦曰。我國以重兵防守淞滬者。實以備暴日之侵略也。無撤退理。亦無讓地與他人駐軍理。言中立區域者。其早息喙。

⊙論滬戰爲變更友邦對我態度之良機

近五年來。歐美友邦對我論調之懷疑。待遇之冷淡。其事實固無可諱言也。究其由來。則觀察舛錯居其一。因事誤會居其一。而爲日人所浸潤膚受者。更其大端也。何謂觀察舛錯。我國疆域甚廣。而交通間阻。風俗民情。本難調查。至於執政之黨派。社會之組織。皆至複雜。雖國人且乏精確觀察。何況外族。往往以一區之開化不完。卽例諸全國。一人之論調偏激。卽推諸民衆。見我退讓。則疑爲無抵抗能力。見我匱乏。則疑爲行將破產。此其觀察舛錯。原不始自近年。而以近年爲尤甚。何謂因事誤會。往者南京之變。乃軍隊中少數不良分子所爲。而實各國歷來不平等條約有以激之。打倒帝國主義。援助弱小民族。爲各强國所同忌。國民黨則以之爲標語口號。初未實行。而羣疑環起。又以蘇俄煽惑。

一部分無識者。不免宣傳過激。其實不但政軍要人。絕無共黨。即今日擾亂贛鄂之匪軍。亦流寇棍徒。假借名義。未必眞屬赤化也。而友邦僑民目擊長江流域。共黨標語之多。與湘鄂贛各省之匪風未戢。於是懼全國將淪赤化。轉相告語。遂成市虎。加之內爭時作。鐵路恆阻。則疑我永難統一。此其因事誤會。如勦匪遲不肅清。路政未能整理。當局者原不能辭責。然使執政得人。正亦不難挽回。而以此種種原因。遂證實日人之侵潤膚受。以彼經費充裕。外交官之交際。游歷家之宣傳。無一不優越于我。其對諸友邦。不曰我已同化蘇俄。即曰我正仇視外人。不曰我財政紊亂。借款無著。即曰我人心浮動。秩序莫保。諸友邦本已觀察舛錯。因事誤會。加以彼之侵潤膚受。遂構成今日懷疑冷淡之現象。吾人固不敢自居無過。而日方傳說之詞。則什七虛構。請據今日淞滬之現狀。以證明其誣我已甚。彼誣我已同化蘇俄。且實指十九路軍爲共黨。姑勿論蔡軍方在江西。實行勦共。即就其在滬情形論。對本國人民則親愛。對友邦人民則敬重。曾有絲毫赤化乎。以眼前軍隊。彼且誣指爲共黨。其他之非共黨可知。彼誣我方仇視外人。夫自南京事變之後。近數年來。雖內戰混亂時間。而各國僑民未嘗一遭侮辱。視敵軍於虹口拘捕外僑。歐辱美副領事破壞租界中立。誰爲仇視。不辨自明。且此次租界當局任敵軍據地攻我。聽其兵士挾械來往租界。而對我難民之來自蘇州河者。有時且不准登岸。使吾人本具仇視之心。吾恐觸機一發。已釀大變。唯其素來和好。故臨事格外容忍。事實昭然。誣虛足證。彼誣我財政紊亂；則邇年政府用財若泥沙。更決不公開。雖吾人亦不能諱言。但就經濟原理論國家財政安危。仍以社會情況爲根據。我國向來貧富調劑甚勻。人民儉僕而好儲蓄。又爲世界之冠。淞滬戰作。人民卽自動的請國債減息。緩期還本。而彌月之間。工商停頓。金融上初不發生險象。存戶向銀行提款者。亦不多見。凡此現象。任何國家社會所少有也。苟政府改良公開。與國民共謀整理。以地大物博。觸處利源之中國。十年後何難爲第二美利堅哉。彼又誣我人心浮動。秩序莫保。此則虛誣尤甚。蓋吾人之愛重秩序。實具天然之美德。兼秉儒先之敎訓。又半基於家族制度。其義廣遠。今亦不論。唯論自一二八兵事發生。軍士則尊重租界中立。優遇友邦人民。工商界則靜默停市。忍痛誌憤。下至租界內向以强刼綁票著聞者。至是反各息蹤。淞太崇沙各地。向多梟匪水盜。今亦歛跡。除備敵來攻外。第見比戶安堵。是亦任何國家社會所不能者。斯皆近日發現之實狀。爲諸友邦僑民軍士所親見親聞者。向日懷疑之論調。冷淡之待遇。當悟其皆日方浸潤膚受所誤也。而胥我前敵將士艱苦禦侮。所博得者。吾人對前敵將士。當若何酬報哉。夫得此良機。與諸友邦敦和修睦。互助交益固。世界和平幸事。若恃有外援。不謀自衛。則大乖著者立論之本旨矣。

按友邦雖眞能助我。而日本亦必不聽從也。蓋自歐戰後。彼方驕亢恣縱。目中早無英美。吾得證以兩事焉。一則英日同盟解散。自俄力弗東。英日同盟。英無一利。而日有百益。在彼歐洲外交家目光。畢竟銳利。遂題議解散。當時各西報論調。謂日方不知若何惶恐。必謀斡旋。然日人澹然處之。朝日新聞。載一論文曰。今日吾人不必發言。待到英人覺悟。再來求請時。吾人再以正論告之。其言外之意可想。又美之加弗亞州。排制日僑事。彼此爭持甚烈。政友會即有吾國人非將畏懼美人之心。洗滌罄淨。不能在太平洋立國之說。又云。彼持孟羅主義之國家。其菲律賓領土。實取之西班牙。將來有事。能禁他人之攻取乎。又云。援助菲律賓族獨立。我人亦當居一分子。

戰事拾零

十九路軍此次應敵。兵士不分晝夜。伏處戰壕。其建築工程。至爲堅固。壕面有鐵版或鐵條。更覆以沙泥碎爛磚瓦之屬。兵士居壕中。敵來應戰。敵去則開留聲機者有之。鬥牌者有之。吸煙者有之。時有鄉人以魚肉菜蔬相饋。亦有農民農婦。取去生物。炊熟送來者。其爲人民親愛爲此。各軍官。若旅團營長。則住于破廟爛屋中。每一房間。將地板敲起一半。即就此挖一深坑。刨起之土。堆於四周。辦公則在有地板之半間屋中。若敵機來襲。則暫伏坑內。或下班時間偶得休息。亦宿坑內。其艱苦如此。宜乎建此不世之功也。

自一二八至今日。作戰經月。十九路軍。無一退縮或奔逃者。惟羣以敵軍不來。無仗可打爲慮。一日有四軍士。送情報至吳淞。只攜手槍盒子炮。適見有敵軍十餘人。來自前方。我軍皆伏半身于水溝內。俟敵臨近。四盒子砲猝起連擊。竟將敵八全數擊斃。並聞中有一軍曹。（司務長也）以遞送情報之兵。本無殺敵職責。且在寒冬。不惜伏水擊敵。其同仇之志深矣。

箸者嘗共一基督教士。赴紅會醫院慰問傷兵。有兩兵皆廣東嘉應人同隸一聯。因奪取江灣跑馬廳。受敵步槍傷者。一中左股與面部。據云。前見一敵軍官。立陣綫指揮。即趨前以手機槍擊之。彼果應聲倒。正喜躍間。面部已中敵彈。然猶忍痛開槍。斃敵方兩兵士。左骹復中一彈。遂不能立。仗吾友負之歸。而吾友左肩。亦中一槍。（即指與同聯之人）然仍帶傷負吾，故二人議定，傷愈後仍一同赴前敵拒寇，教士慰之曰，君鄉人，故患難相救，彼正色曰，不然，吾軍中此類事甚多，今日之戰，乃軍長至火夫，八人氣忿不平，誓共生死，何必同鄉哉，又一帶傷排長，湘藍山人也，中炮彈，兩足並斷，醫生謂骨已碎，終成廢疾，然彼無戚容，惟頻問箸者，自動赴援之軍隊，有續到者否，箸者答以第聞政府已派援矣，彼搖頭長歎，遂不復言，計一月間。箸者凡數至各醫院，見我帶傷勇士，不下

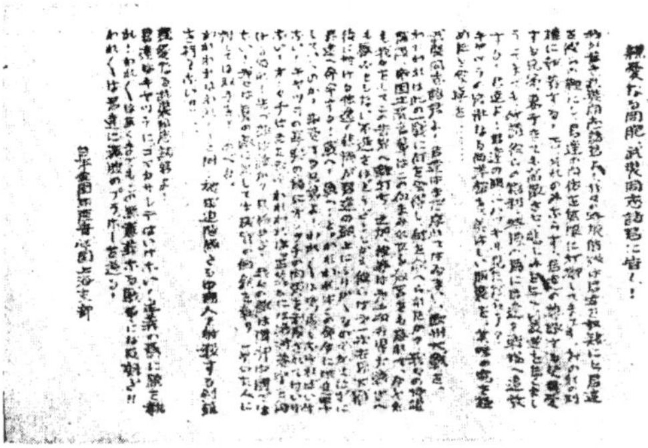

日軍官懷中之神佛保佑牌

五十人。各有談話。述戰事頗詳。有已載入戰事日記中者。餘當於二集內續記之。

日俄之戰。日人攻　旅順。陣亡至四萬人。世界皆驚其勇。然今日此風已遜矣。有一飛機。被我方擊落。駕機者爲田中中隊長。其懷中乃藏有神佛保祐牌。軍官如此。兵士可知矣。（此人已斃。其詳情各報皆紀之。）今縮印其牌于右。

日人自詡駕駛飛機之術。（前年黑龍江我軍戰赤俄時。彼朝日新聞論調也。）若何精能。然此次被我軍步槍擊下者。凡二架。德人惠生君謂以步槍擊中敵機。使帶重傷墜落者。歐戰中亦不數數見也。

竹園墩鄉間。一農婦方以水車車水。突有敵軍五人。自附近至。農婦大懼。伏匿車下。而終爲所睹。强曳出。將行無禮。適有我二哨兵望見。急趨以進。先開槍擊倒一敵。餘敵遂向前還擊。此二人者。以一隱大樹後應敵。一由側徑趨至水車下。將農婦救出。敵恐我軍踵至。隨亦逃去。社友予大快。適偕義勇軍書記董君經過。方見農家夫婦爭奉牛酒酬恩。遂得聞其詳焉。

江北苦力有自敵中逃歸者。據云。被俘之日敵令飽食。食既。引入一巨廈中。左以河沙平鋪。上臥兵屍。凡廿具爲一排。彈傷皆由前面穿入者。先有醫生截頭破腹。將臟腑取出。令苦力澆藥水洗之。洗畢。裝頭入腹。再令以鹽實之。然後袋入布袋。運赴兵艦。載之回國。其平臥地上之屍。則係彈傷穿入背後者。以其因逃避致死。或拋江中。或聚而焚之。是工在彼四日。所經手澆洗裝袋之屍。凡七百餘具云。

翁照垣旅長部下。一勤務兵。年止十五。在張華浜作戰時。曾以手槍擊斃一敵軍指揮官。聞爲彼方之中隊長。長官當加獎賞。拔升頭目。翌日敵再來裝。是幼年壯士。復奮勇應戰。擊斃敵軍數人。而以銳進竟受砲彈陣亡。是眞執干戈衞社稷者。當乞其姓名籍貫。爲立小傳。以表彰之。

閘北有敵方便衣隊四五十人。乘夜至虬江路菜市縱火。所挾皆盒子砲。手溜彈。並巨量之炸彈。時已夜午矣。適爲我三哨兵架一機槍守路口者。見之。遂以二人伏路旁破屋內。以一人抄捷徑回隊報告。其伏破屋內者。竢敵經過。已至菜場。始開機槍向其射擊。以衆大驚。向路口有備乃向東竄去。而我軍已得報告。從義品里東趨至。遂迎頭痛擊。斃彼卅七人。餘更向西逃。又爲破屋中之機槍擊斃六人。所遺手槍炸彈。並爲我所獲。聞此三哨兵中主謀者。乃一湖南常寧人年。年只十七云。

後敘

箸者編此記。對國人具兩種希望。一則望各秉是非之公。二則望各勵差惡之心也。吾人熱度。弗能持久。善善惡惡。朝百度而暮零點。一病也。論辨優劣。好爲雷同。不就事實推勘。二病也。文人記者。於國家故事。不甚稽考。徒憑耳食。黑白傎置。而青年學子。又多誤信外人箸錄。以淆國故。三病也。卽論對外戰事。海通以來。並今日淞滬之戰。僅奏五捷。一爲光緒乙酉。馮子材之驅逐法兵出鎭南關。長驅以復諒山。取北寧。而王孝祺陳嘉王德榜等佐之。遂廢賠款成約。保滇桂邊境。厥功至偉。（馮粵欽州人也。今淞滬大捷。亦出粵軍。其忠勇超湘皖矣）然此諸君之名。今人已鮮有能舉之者。遑論戰績。一爲歐陽利見於鎭海海口。燬敵艦。斃法帥孤拔。（此據浙人王舟瑤箸錄。宜黃符笑拈所目擊。薛福成筆記。則歸功吳杰。然詢之甬上老輩。皆是符說。）三爲甲午聶士成之克復連山關。（俗名摩天嶺）斃日兵兩大隊。四爲馬占山之守黑龍江。斃日兵近三千人。五則今日淞滬彌月之戰。十九路軍與五路軍之苦功偉蹟也。目前之事。固談之色舞。往日之事已等諸煙銷。以前例後。恐再踰數年。今年戰績。亦無人能道矣。或且爲近日某報社論。論甲午戰事。代李鴻章辨護。而不知其無一語符事實也。（李鴻藻翁同龢入軍機。北洋軍已全覆矣。此乃以歸罪孝翁。可謂無稽之言。）所冀讀此記者。於自動奮起。孤軍衛國之十九路軍。感之戴之。於追縱禦侮之第五路軍。感之戴之。於義勇殺敵。斷脰不辭之士。傾貲紓難。奔走提倡之民。亦感之戴之。而於阻害戰事。坐視成敗。或通敵賣國之奸。則深惡痛絕。永誌弗忘。庶幾功罪之跡明。而是非之辨嚴矣。至羞惡之心。本人人同具。特以是非不辨。遂因以湮沒。但治外法權關稅自主。各國所同也。而我不完。租界外路。（日本國內任外人築鐵路如南滿滇越之類）各國所無也。而我獨有。津沽國地。乃不准本國防守。而聽外人駐兵。他如華僑之備受限制。外艦之出入長江。凡此犖犖大者。孰非國恥。默而不爭。固非羞悟。爭而不獲。亦非羞悟。激勵自勉。是在讀斯記者。因淞滬戰事。觸類而引申之。

中華民國二十一年三月十四日初版

各重羞恥
勿侵版權

編著者　沃邱仲子

校對者　姚獨笑　于大快

總發行所　國權編輯社
上海法租界聖母院路蒲石路口高福里三號

經售者　本埠各大書坊
三馬路石路東中西名片公司
望平街陸文記刻字店
本外埠
神州國光社

淞滬禦侮記（第一集）國權叢書之一

上海戰事記載

揮戈錄

民聲出版社發行

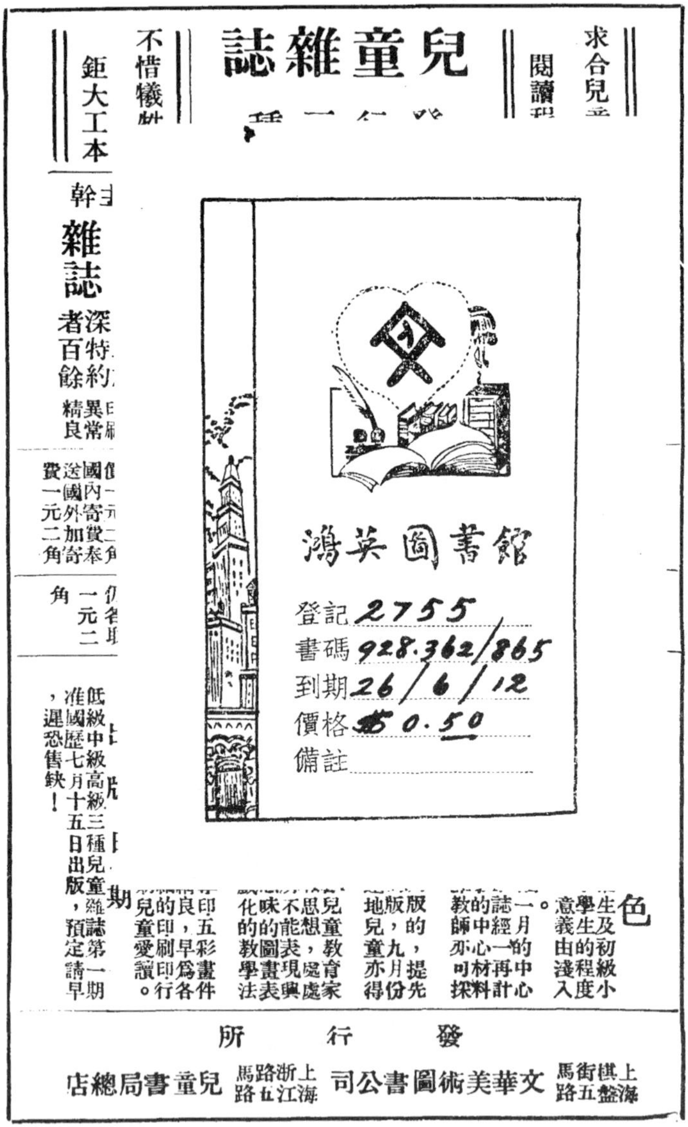
兒童雜誌
不惜犧牲
鉅大工本
求合兒童
閱讀程
雜誌
鴻英圖書館
登記 2755
書碼 928.362/865
到期 26/6/12
價格 $0.50
備註
國內寄費奉送
國外加寄費一元二角
低級中級高級三種兒童雜誌第一期准國歷七月十五日出版，預定請早，遲恐售缺！
發行所
文華美術圖書公司 上海棋盤街五馬路
兒童書局總店 上海浙江路五馬路

揮戈錄

謹以此書貢獻于關心中日淞滬戰事者俾得此一書于此番戰事之認識更透切更詳晰更正確更有系統于抗日救國心之抱持更堅決更徹底是爲編印本書之至意

敬告讀者

是書所記，乃中日淞滬戰役中兩方政府民衆軍界及國際間所發生之有趣味的事件，而無一不與中日戰爭有關。其中多爲編者所耳聞目擊，隨筆記錄；起一月十八日之日僧肇禍，以迄於六月二日之日軍全撤。以是之故，印行較其他同樣性質之書爲遲，而其比較優勝之點，亦即在是。蓋因時間寬展，故得以搜羅宏富，援引正碻，敍述詳盡，碻爲其他同樣性質之書所不逮。

印行者非專事於牟利，編撰者不務在投機，讀者購閱是書，必能尋得所欲探尋之資料，此則在未讀本書之前，所敢預爲讀者告者也。

民國二十一年六月十五日

目錄

附載

今次戰爭與甲午戰爭之比對

在距今三十八年前，中日以朝鮮問題，海陸軍大戰於平壤旅順間；結果，我國海陸軍大敗特敗。其所以致敗之原因，蓋有五端：一，日本與我交戰，早具決心，清政府非不知之；戰前，駐外各使具有密告，而清政府竟不備戰，終乃倉卒應戰。二，外交緊張，戰雲瀰漫，而清政府內部互相傾軋。如李鴻章外交計劃之被阻撓、軍事進行之被牽掣是。三，戰事既已發動，自應全國總動員，共起作戰，合力禦侮。然而清政府與各省均觀望不前也。主持支撐之者，李鴻章一人而已。故當時外人謂「日人非與中國戰，乃與清政府戰，非與清政府戰，乃與李鴻章一人戰」。四，日人除於軍事上作積極工作外，於外交上亦有充分之注意。我國則內外隔閡，呼應不靈，外交完全陷入孤立之窘境。五，戰事擴大，稍遇挫折，清政府即怯懦氣餒，不思堅持苦鬥。未至無法應戰，即屈服請和，不思作長期抵抗。有一於此，已足僨事，何況種種取敗條件均備，又烏得不敗哉？

今次戰爭，顧又如何？國防則從未之顧及也。逮九一八以至一二八，中間百日，此百日中，國內抗日救國運動，風起雲湧。日則派兵遣艦，藉口護僑。戰前對我之嚴重警告，逼令取消一切反日運動。實日方肇釁之最顯明者也，而政府竟不爲之備也。一二八夜，日方以最後通牒遞到，政府竟令淞滬駐軍撤防退讓。以視清政府之倉卒應戰又如何？此其一。東北淪陷，外交國防均告緊張，當此多事之秋，黨因派別各趨竟互相凌轢，如軍政之意見各執，態度紛歧，甯粵於焉分裂，對外無由一致。如孫陳對日絕交方策之不克通過是。此視清政府內部之傾軋，李鴻章之橫被掣肘，又如何？此其二。戰事已發，十九路軍孤軍應戰，待援孔急，政府則逡巡不應，遲之又久，乃令第五軍第八十八師赴援。此一師之力，於事殊不濟，政府嗣亦不復再爲增援矣。而各軍旅之請纓者，政府皆未之許。此視清政府之獨令李鴻章應戰者又如何？此其三。在戰事發動前，國外，則駐德法意美各國使席虛懸，其故則因黨內各派爭奪人選不決也。國內則外長三易，方針迭改。出席國聯議會之顏博士則單槍匹馬，舌敝唇焦，不勝憔悴矣。求助國聯，曾無少補也。此視清政府當日外交之陷入窘境又如何？此其四。滬戰正酣，國人方期奮發，共起抗戰，政府遂依日方提議，遣派代表至英艦康特號上與日代表會見言和。比淞滬撤防，日方得逞，國聯限令停戰，政府乃仰承國聯意旨，日方雖多方刁難政府亦加曲諒忍受，惟恐停戰協定之不成。平日所謂一面交涉，一面抵抗，與長期抵抗之言，徒見巧言如簧，欺人自欺耳！此視滿清之末至無法應戰卽屈服請和者又如何？此其五。

今番戰爭與甲午戰爭，兩兩比對，誠不免令人悲憤難惋！蓋其致敗之條件，一一雷同，而一蟹不如一蟹之譏，又甚明顯，無可諱辯也。卅八年後，覆轍重蹈，不知鑒戒！奈之何哉！

從滬變遷都說到遷都史例

一二八滬變突發，中央政府因首都地位時時在敵人炮火脅迫之下，容易屈服，頓覺危險，應急制變，毅然不疑，遂將首都遷移洛陽；並引法都遷波爾多，土都遷昂哥拉爲例。實則何必遠徵外人，但檢國史，徵援往事爲例已多。度黨國要人，博古通今，一輩子未始不在師法古人中着念也。最早，周平王之遷都洛陽，蓋肇其端，嗣是遷都者雖未必盡歸洛陽，而代有傳人，如宋高宗之偏安江左，尤與今之時局相類。周平王怵於犬戎，宋高宗怯金人，其他遷都之主，類多逼於外患之侵。緬想往古遷都之帝王，方其倉皇出走，喘息蒙塵之初，必有以詔告民衆，自圓其說者，若曰：避威脅也，作長期抵抗也，雖不一其詞，而旨不外此。庸詎知以外患而遷都者，終古成偏安之局，欲恢復舊觀竟不可期也哉！

徐英君有洛陽雜詩（載申報附刊）於人於地，均有論列，一唱三嘆，感喟彌深。茲特錄出，以饗讀者：

王氣東南已渺茫，金釵零落不成行，春申烽火連天起，青蓋匆匆入洛陽。

洛陽宮殿渺寒烟，寂寞人間有歲年，忽報朝元春訊急，東風一夜百花妍！

春申南望已三千，刁斗無驚白日眠，仍把長安稱陪府，他時避虜更西遷。

津橋春水勝吳波，比似金陵佳麗多，西幸但求能避寇，況聞安樂有行窩。

雄兵百萬竟何為？垂手東南不復規，主義從今無抵抗，不圖秦檜是先知？

翔來重住海西頭，門角鈎心願已酬，却笑一官能起病，使君獨自有千秋。

傾牛排李費經營，厚祿高官事竟成，志復中原終束子，始知殷浩是虛聲。

小人革面不革心，謬種遺傳豈自今？不戰不降兼不走，諸公猶愧葉名琛！

羣英鶱舉會西宮，國難爭籌捍衛功，可惜盈庭空好計，春來長誤美人虹！
故國興亡託苦吟，旌旗遙望虜雲深。何年拔戟經三戶？楚老相逢淚滿襟！

政府援滬與各軍請纓

一二八滬戰發生之後，各地軍人之請纓來援者絡繹不絕。發其嚆矢者爲張發奎軍，繼之者爲陳濟棠，張惠長，白崇禧，熊克武，謝池，金漢鼎，石青陽，袁元，張子江，魯滌平，顧祝同，葛雲龍，田頌堯，孫殿英，陳誠，趙觀濤，劉桂堂，夏斗寅，梁冠英，蔣鼎文，黃紹雄，毛光翔，李其相，孫連仲，高樹勳，宋哲元，劉湘，劉文輝，鄧錫侯，何鍵，等，政府皆未之許也。論者遂謂我國軍人非不愛國，政府實太顢頇，致令暴日得逞，而使十九路軍孤單苦戰，卒以後援不繼而敗退。夫軍人之愛國與否，原不能視一電爲判斷，通電不過係一種宣傳作用耳。至於各軍請纓，政府若悉予照准，則上海一隅之地，將有百數十萬大軍屯駐其間，遑論有違軍事方略，抑亦事勢所不許。吾人判別善惡，論列是非，要當從事理上研求。按行政院長汪精衞在徐州南京洛陽等處均曾宣示，政府已有大軍援滬。以軍行祕密，不宜張揚於外為言。然吾人皆知筧橋飛機與浦江軍艦，近在咫尺，坐視敵艦炮轟吳淞，敵機擲彈閘北，曾不一加援禦。此無可諱言無可卸責之事，不知政府又有說詞否？吾人但勿忘記監督政府可也。

孫科險些吃炸彈

中央委員前行政院長孫科氏之莫利愛路十號住宅，二月廿九日晨六時三刻，忽被暴徒拋入炸彈一枚。當時落於院前草場上，轟然一聲，陷地數尺，一時宅中人皆從夢裏驚醒。閽者出視，煙霧迷漫，發炸彈一顆，深入草地四尺餘，炸裂之口，有盆口大小，幸未傷人。當時門役即持彈趨告主人。

孫氏聞此，淡然置之。按：孫氏此次留滬籌策救國，不遺餘力；對十九路軍矢忠抗日，贊助尤多，故敵方對之，甚為仇視。日前各報紛載敵方將賄買漢奸謀殺要人，可知此事殆有來由也。

對隣傳說當時情形，謂目擊有暴徒二人，一穿洋裝，身軀略矮，一穿長衣，稍高，當時穿洋裝者將炸彈向十號宅內抛擲，聞爆發聲，二人即相偕狂奔逃去。一說謂：一江北拾荒女子，目睹此事，擲彈者爲青年二八云。

滬戰中縣長自殺

上海戰事，自我軍變更戰略後，崑山縣成爲後方第一嚴重區域。三月四日，敵飛機時至崑山投彈，居民一日數驚，該縣縣長吳德耀，旣恐辦理供給困難，又爲避免危險起見，乃於五日避至蘇崑交界之角直鎮，至七日崑地秩序恢復，商店亦大都開市，吳縣長自覺無顏返崑，竟於八日上午四時，在角直鎮高浦橋畔投河自盡而死。吳字錦軒，現年六十歲，安徽人，性至固執；每出，必攜煙袋自隨，於捲烟畢生未嘗沾脣也。初任太倉縣縣長，時值各地水災，災民麕集太倉，向縣府索食，吳出私囊，數加供應，耗資數十元。旋以不堪其擾，即赴省，請求他調。遂得調署崑山，下車伊始，復遇某軍調崑駐防，所有給養之需，須縣府籌供。吳輒嗟嘆其命運之蹇澀。吳死時有絕命書三通，誌之如下：(一)蒞崑月餘，適逢國家多難，地方責任，日見繁難，近則軍隊雲集，加以公安建設兩局不受指揮，尤感困苦。人心世道，復不堪言，惟有一死以表我心。耀。(二)小皮包內有信件，請慰廷哥轉托謝局長同道至方唯老處，懇其暫爲保管，併乞其速爲辦理，忽忽握管，不盡欲言。耀字。(三)衣衾棺木費用，可將我之皮包並錶及鋪蓋等件，變價辦之；或用電話通知木瀆星衢弟，派人攜款來辦，并將柩帶往木瀆，存新安會館內。

王賡之罪浮於漢奸矣

獻軍圖，賣春申，彼何人哉椒房親。軍圖一獻軍情泄，三十日功棄一日，國有斯人國之恥！凡我軍民髮皆指！奈何就逮今月餘，不聞一定罪有無？論罪果不誣，國法軍律所必誅；核事若有虛，亦當早使羣疑除。吁嗟盜國八十百！獻圖區區我何責！若不見遼東守帥失邊土？帳下依然擁貔虎！

此夢茗室主所作獻軍圖詩也。(曾載申報中)十九路軍之敗退淞滬，論者謂八十八師獨立旅長王賡被捕，獻出軍用地圖，將軍事祕密洩漏有以致之。由是，王賡通敵之說，遍傳滬上，律師公會幷歷舉王賡被捕疑點證實之：(一)王賡久居滬埠，且係留美畢業之學生，其生平歷史，滬人頗能道其詳。謂伊不知美總領事署業已遷移，而至黃浦路查詢，實屬欺人之談，(二)身爲現役並在本地抗日作戰之軍事長官，於實施敵對行爲期內，應無不知敵方防區範圍之理；縱令不知美總領署業已遷移，而前往美領署舊址，須從敵方防區經過，究不能諉稱不知。該王賡初非外交人員，試問以何原因，有何必要，或奉何方使命，而須冒險越過敵人防區，往訪美總領事？(三)報載王賡被捕時，隨身攜有皮包一隻，內藏重要文件，涉及軍事祕密，該項文件落於敵手後，敵方突變戰略，避實就虛，形成包抄我軍之勢，致我軍不得不全師而退。使所傳非虛，該王賡究因何故而攜此有關祕密之重要文件，往訪美總領事，當亦無辭自解。(四)使王賡果係誤入敵軍防區而被捕，則以我之現役官，而爲敵之俘虜，亦斷無輕縱之理。何以不數日而竟獲得自由？

王爲宋子文所識拔，故外間對宋，亦有責言。故王得釋(三月一日)後，(三月十日)被上海市公安局長溫應星奉財宋之命將王解京訊辦。由軍事法庭審訊，第一次開庭時，原由蔣介石親向王面詢一過。茲事關係之重要，概可想見矣。

知王生平者，謂王性顢頇，不審利害，不辨榮辱。當與其妻陸小曼離異時，陸索贍養費一萬元，時王方困乏，署券與之，謂俟得金後卽付之也。及陸小曼嫁于徐志摩，王竟有賀禮；結婚之日，王且任儐相，知其過去事件者，多哂之也。徐志摩墜機死後，王又尋陸相繾綣，二人足迹時見于交際場中。論王行爲，似顢頇亦似豁達，然王固美國西點陸軍大學West Point畢業生也。

粵人愛國心何以獨熱？

粵人愛國心最熱烈，最普遍；過去現在，事實俱在，人所共知。此番十九路軍抗日應戰，備受國內外各界同胞之歡迎與援助，而在廣東方面，誼切桑梓，同仇敵愾，傾助尤不遺餘力。當局守脣亡齒寒之戒，民衆抱毀家紓難之心。據余所知，則事變初起，廣州市商會卽有毫洋廿萬捐助十九路軍。軍事當局則決議月助蔡廷楷將軍軍費廿萬。並公推代表二人來滬，與蔡廷楷將軍接洽妥善匯付之方法。據該代表言：現擬籌募援助軍餉一千六百萬元，第一批可先繳一百六十萬云。玆附錄粵方援滬新聞兩則於後，俾知粵人抗日救國之心，確不落人後也。

(一)粵省大舉募軍費

援助十九路軍

(路透廿一廣州電)此間人民現從事於接濟第十九路軍之工作，甚爲忙碌。政府人員皆須捐俸以助軍費，凡俸金在一二百元之間，捐一成，三四百元者捐二成四百元以上者捐四成，不足五十元者免捐。女界籌款亦甚活動，要人如陳濟棠等之夫人，除自行捐助巨數外，已組織籌款委員會。第十九路軍廣州辦事處已收到海外華僑匯來兩萬元，當即匯往上海。海外華僑允助飛機與機關槍。廣州各公共團體已決定籌二十萬圓，用於上海：其中十六萬圓供軍用，餘四萬元爲閘北吳淞等處難民救濟費。凡置有汽車或汽船者，各須捐一百元，房主捐租金半數，商家捐登記資本一成，遊戲場捐一晝夜收入，納稅者按其收入捐二成。以上捐款限二月內繳齊，李宗仁對新聞記者稱，不日返廣西擇選精兵，往助十九路軍云。中山大學於停課四月後，今日復課，但未必能久，因學生欲投軍赴滬與日兵決戰也（見二月廿二日時事新報。）

(二)粵省各方援滬

捐輸方法不一　一致當仁不讓

廣州通信，滬戰延長，我軍決作長期抵抗。百粵民衆以前方將士忠勇殺敵，後方居民當努力後援；故此次援滬輸將，各盡能力，熱烈爲空前所未有。查各屬商會彙集鉅款匯滬接濟十九路軍者，計有江門，新會，台山，汕頭，連縣，南海及廣州市商會等。此外一萬數千源源匯滬者，尤更僕難數。其餘各界捐輸者，有各民衆團體。職工方面有機工，新聞記者伕力等，各捐薪金，或日入所得，以盡涓埃之助。光華醫院救護團第一隊，計男隊員六十名，女護士二十名，女西醫二名，業於二十九日赴港，一日由港會同港東華醫院救護隊，乘美郵船赴滬，分發前線服務。至於各大學，各中小學，除立集鉅款相繼匯滬勞軍外，幷將以前所募援黑捐款，盡數移寄往滬，接濟十九路將士。中小大學及省立工業專門學校，則由化學教授及學生，日夜研究防毒品，經製成大帮防毒面具，分批送交十九路軍後方辦事處轉滬。各縣市區已實行航空救國政策，每縣各自籌款購買飛機一架，以助國防之用。計汕頭市民所購之戰鬥機，本月初已運香港，由空軍派員前往點收。潮安縣近又集款六萬元定購。新會、台山、中山，已集有大批現款，向某方購辦載重機應用。汕頭、潮安、普甯、中山、台山、開平等處，紛紛建築飛機場。婦女團體及女生，則自備物料，縫製大批棉衣，日內可寄滬，以備前敵將士禦寒。至於海軍，近日組織水雷隊已就緒，委現任某艦長爲援滬水雷隊正副指揮官。全隊直屬兩中隊，每中隊若干人，海軍陸戰隊三團，均候命援滬。陸軍方面，除已令第一軍全部入贛，獨立第□師第□師入閩外，近又聞組織一決死團，採取三三制，由第一集團軍各軍抽簽入伍。各士兵均以獲入伍爲榮幸，決死團所用槍械，均屬新式，日內成軍，即可調赴前線。至統一籌款機關救國籌款會，最近復議決撥救國捐款三十六萬元，接濟十九路軍，六萬元救濟上海被難同胞。至上海粵籍難民約五六千人，連日已分乘戊等船抵粵，鳩形菜色，身無長物，狀至悲慘，在船中病死者亦有十四人。此項難民之救濟，由方便醫院擔任設法收容，已在市內外覓相當房舍二十餘所，分別收容及賑濟。公安局於本月一日起開徵收房租捐半個月，名救國租捐；連日市民紛紛自動繳交，數日間已集款二十餘萬，預料此一筆捐款，可得百萬元以外也。（見三月十一日時事新報。）

負此莘莘學子多矣

廣州市全市學生，二月二十九日舉行促進全國總動員大會，到會二萬餘人。通過全體絕食一天，節費捐助前線抗日將士。及電中央尅日出兵，剷平東北叛逆。兩粵出兵剿滅匪共等案。隨卽舉行巡行。

爾日想有不少學生飢腸轆轆，熱淚滾滾者矣。究不知此項節下之費共有多少。作者以爲不如全國富豪絕食一餐，以所得助餉乃有可觀。噫，當局諸公，富商巨賈，汝負此輩青年多矣！

中山縣首倡購飛機助戰

同時匯款接濟十九路軍及救濟旅滬難民

滬戰日劇，粵省各民衆團體，連日源源匯往捐款，接濟十九路軍將士，不下數百萬元。此外如汕頭、潮安、江門、台山、南海、等商會，亦有大宗款項，匯往十九路軍。中山縣近發起由該縣民衆集款，購置飛機三架，捐助我軍禦敵之用。至上海戰地難民以粵人爲多，於是各方又發起募集鉅款救濟。聞中山縣已議決，在全縣所募之義捐中，撥提半數，以爲救濟難民之助；俟滬難民全數離開戰區，始行停止。以後捐款，卽全數撥助十九路軍，廣州慈善界，日昨在廣州方便醫院集議，組織上海兵燹難民救濟會，通電各善堂，尅日協助募捐。方便醫院董事已先墊出大洋一萬元，匯往上海廣肇公所，代辦急賑。香港方面，則組兵災慈善會，於二月十四日成立，商界踴躍捐輸，已集得十餘萬元。又暹邏華僑，聞上海難民，飢寒交迫，亦已發起救濟，購辦米石二萬餘擔，擬僱漢陽輪運滬散賑；但中途發生事故，已將該幫米石託香港東華醫院，以慈善界名議，代運上海散賑矣。

廣州十八團撫卹遺孤

前吳淞要塞參謀長滕久壽氏抗日陣亡後，政府未加撫卹。而滕氏生平廉潔自矢，不知積聚；致其夫人楊佩瑤女士，挈一孤兒，淪落滬濱，無所歸依。政府社會待先烈如此冷淡，豈惟對先烈不住，實足以令未來之烈士寒心喪志。烈士日以少，而國事亦日糟矣！聞廣東十八團，以滕爲國犧牲，壯志可嘉，特派代表持慰問金一百元，前往華北公寓滕夫人楊佩瑤女士處慰問楊女士領受之餘，非常感激，致爲之涕下也。

16

日人仇殺粵人之一斑

日人自蟠據虹口一帶作軍事之根據地後，我居民之慘遭殺戮者日有所聞。第因交通阻隔，眞相不易明瞭。據某君言：彼之鄰居大華別墅中有四人，係廣東籍，家中藏有自衞手槍二支，近因收藏不慎，手槍忽然走火，遂爲在街口防守之日兵所聞，卽時將該四人連包車夫娘姨等一倂捕去。後據釋出之娘姨談，五人統已被害。某君又謂施高塔路一帶居民，日人佔十之四，若輩於華人家庭，平日早已留心調查。此次戰事發生後，日人以十九路軍多係粵籍，對於粵人忌恨甚深。故該處居民凡隸粵籍及稍有資產者，無一幸免，被難者不下三百餘人云。

誓死不辱之粵人

有日本便衣隊八名（皆係上海廣浜橋及吳淞路之日本雜貨店夥）在西武昌路拘獲華人六名，至武昌路中仁智里口，有四名忽轉身將日本便衣隊拖倒，其餘二人則轉身逃走。當時日本便衣隊即開槍擊斃一人，其餘五人仍被拘住，拉至本願寺巷中一屋內。其中有日人念餘名，當即用皮鞭將該六人鞭打十餘下，然後開始詰問。六人中四人係粵人；一名伍仕文，廣東嶺南人，在同發五金號爲夥友。一名周順發，廣東新會人，在虹口廣恆水菓廠爲店主。一名李俠文，廣東香山人。被擊死者爲王業棠亦粵籍人。當時又在周順發身伴搜出手槍一支，（無子彈）及大洋十一元。其餘二人：一名丁富生一名邱法文，均海門籍。至下午五時十分，日人又詢粵籍之三人云：「你們廣東人，有什麼利害？」其一答：「我們粵人，誓死不辱。」各人至是，知希望已絕，並高呼中華民國萬歲不已。日人旋將三粵人用刀在背上劃寫「支那廣東」字樣。流血遍地，然後用刀向其腹刺入殺死。殺死後，日人即裝入麻袋，至黃浦江中擲下。此事有人目擊甚詳也。

最痛心之事——藉寇兵，齎盜糧。

旅滬日僑•號稱有三萬餘人•滬變發生以後，多已陸續返國。日僑在滬所操業既非應有盡有，一旦戰事發作，需要實多；而佢本國各行肆在勢無從供應，倘國人各界一心，同仇敵愾，一切與之斷絕，誓死不與合作，則亦未嘗不可以助國軍制勝敵人也。奈何有不少奸人，貨利薰心，不顧國家，不講人格，貪圖區區金錢，甘爲敵人作奸細。如敵兵畏寒，需用木炭，則有人爲之收買矣。敵人運輸軍用品，需用卡車，則又有人（姑隱其名）爲之租賃矣。敵人欲埋藏地雷，謀施破壞，則又有人爲之運輸及埋藏矣。敵人防備我軍夜間衝鋒，欲使我軍中計受傷，需用釘板，則又有人（亦有俄人）爲之製備矣。敵人欲偵和我方軍情，則又有人爲之探聽矣。敵人欲擲彈縱火，圖擾亂我後方，則又有人爲之擲彈縱火矣。總之，是皆藉寇以兵，齎盜以糧之類也。其罪當誅，其愚可憫。謂我軍遠征日本，有日人如此，作者決不敢信。作者非敢長他人志氣，事實上詔我如此，此誠最痛心之事也！嗚呼！哀莫大於心死！

18

法無可恕情有可原之漢奸

向在浦東日紗廠爲工人之江北人某，於戰事未發生之前日，在廠中徵募工人，謂現在楊樹浦有一家東洋紗廠欲招募華人任保護紗廠之職，每月薪金廿五元。當時有劉元凱馬文貴朱正龍等六七人應募同去。迨至該廠空室，已有數十華人先在，彼此交談，方知非保護紗廠，係另有作用。次日，每人發槍一枝，來一日人，教授槍膛裝退子彈之手法。下午則投擲木球，據云爲將來擲炸彈之練習，是爲按日之工作。有日兵數人，日夜監視，不得自由。充飢之物，只有麵包。一禮拜後，待遇忽然改良，飯食菜餚，非常精美，罐頭物品羅列任取。時有一日本官員作訓話式之演說，謂爾等努力做事，將來希望無窮；一俟吳淞江灣打下以後，爾等定有好差使可得：當一工頭，日有三百元之希望；將來闢爲日本租界，爾等要當包打聽均可。有時導至一室，室內，桌上鈔票銀元，陳堆纍纍，彼指示曰，爾等可以隨便拿去使用；但有要事，你們須努力去作，至若因工作被受傷害，得來領撫恤金三千元云云。諸人聞言，惟有目逖，誰敢去取？惟見向日衣服不周之某某，則已革履西裝，儼然貴賓矣。

擲一彈酬洋四十元

擲一彈酬洋八十元

江北人愚蠢得可憐！

炸彈應如何懷藏？如何拋擲？至有考究，至講經驗。最低限度亦須經人指示教導，否則難免僨事。江北豬玀，但見四十枚袁頭光亮可愛，昧于工作不易；並忘其生命之寶貴貿然爲之，宜其被破獲，與工作鮮效或竟自害者比比皆是也。如江北人董得全，向在日人處拉包車爲生，近受日人利用，出外拋擲炸彈，傷害同胞，每擲一彈，如在重要之處，可獲大洋四十元之酬勞。二月十八日下午五時半，董偕其弟小六子，各懷炸彈一枚，意圖擾亂；行至岳州路，被人察出破綻。大衆憤不可遏，當場毆打一頓，後由華捕到來，問明情由，將二董押帶至捕房訊核。又漢奸江北人陳子華，受日人利用，在同日下午三時于楊樹浦一帶投彈，紛向民房轟炸。詎缺乏經驗，當擲彈時反傷及自己眼部，經人車送仁濟醫院求治，由醫生診斷後，當經捕房飭捕到院。帶入捕房核辦矣。

漢奸運軍火氣煞人亦笑煞人

日軍鬼計百出，邇因收買之漢奸屢被破獲，故另行變更計劃：暗將炸彈軍火等藏棺柩屍體之下，扛運混入華界；或則使便衣隊喬裝新郎新娘之狀坐汽車內，潛入華界，意圖破壞我境治安。我方早有所聞，二月廿七日午後滬西中山路後面、有身穿孝服者後隨白坯棺柩一具，扛抬而行，樂隊先導。孝子手持哀杖，一種出喪模樣，路人多不在意，詎該地駐軍以其形跡可疑，喝令停下，扛棺作工聞聲後，膽戰心驚，棄下棺材飛奔逃逸。孝子亦拋去哀杖，撩起衣裳奪路狂奔。當由駐軍開槍數響，跟踪尾進，拘獲一人。據供係由□處交伊等扛至眞茹，每人工洋二元。經駐軍將棺劈開，檢視棺內所藏，悉係槍械子彈，當即連人贓一併押囘司令部核辦矣。

江北漢奸何以獨多？

滬戰中「江北漢奸」「江北漢奸」之聲，囂然塵上。其中爲敵人所買從事擲彈縱火等勾當，如願以償，得意而去之不知姓名籍貫者無論矣。但就爲非作亂確鑿有據，拿獲槍斃於西門陳英士紀念塔下者，如蕭德勝，孫子賢，王受益，陳志華，陳紹霖，董得全，董小六子，等莫不籍屬江北此外姓名未詳者尤多。其他因嫌疑未定罪或在監禁，或就當地正法之江北漢奸更書不勝書矣，最奇者三月九日租界工部局發表捕獲大批男女刧犯有四十餘名之多，幾全屬江北籍者云。宜社會人士，對江北同胞，咸另眼相看也，江北人之如此踴躍樂做漢奸，當非其生性如此，起事之始，想是日人利用了若干江北領袖，於是一呼而集，不約而至。此輩多屬地痞流氓，向無正當職業；一旦有厚利可圖，遑問其他。總之，缺乏經濟，缺乏教育，爲江北人作漢奸之主因。此是國家社會絕大問題，應從根本上謀救濟解決也。滬戰中，幾大日報曾爲文論列此事；揚州八邑，江淮六邑，通如崇海等同鄉會亦迭次爲此事而開會，幷對旅滬江北同胞有所勸告矣。足見此事關係匪輕也。

附江北人通告同鄉印刷品

滬西小沙渡路一帶智識階級中人，鑒於日軍侵犯滬境，一般江北同胞，缺乏智識，往往被暴日利用，案發受戮，情殊堪憐，於是發起印刷，勸告江北同胞，勿受日人利用，業已遍貼通衢。略謂：親愛可憐的江北同胞們，你們平日境況，我們早已知道，怎奈愛莫能助，十分抱歉的。目下務請暫忍一時，將來總可設法的。須知此次滬變，關於整個的中日存亡，不可作局部的解決。往者已矣，來者可追，自後務請不要再幫助日人，幹殺人放火寡廉鮮恥爲虎作倀的勾當。要曉得日人此刻利用你們，轉瞬事過境遷就要鳥盡弓藏兔死狗烹，安知昔日教唆你們幹萬惡勾當，不加諸你們頭上嗎？快醒快醒！（下略）江北人泣告）

漢奸謠

漢奸如此其多，行爲如此其惡，連篇累牘記之，未免使人不快。夢茗盦主所作滬難新樂府（載申報增刊）中有漢奸謠，請爲錄出，以殿我所記漢奸之後。

漢奸謠

敵兵欲來，漢奸放火，敵兵旣來，迎之道左；敵來猶可，漢奸殺我。嗟汝亦人！豈無肝腸？奈何甘心，爲虎作倀！虎倀聞言，大笑不止，平時我身，千恨誰訴，人坐我車，我爲馬牛，人居華廈，我棲隘湫。一朝時來，翻轉乾坤，揚眉吐氣，無佛稱尊，東家黃金，西家美女，女抱我眠，金恣我取。汝莫快意一時，鳥盡弓藏悔且遲！

北平一老翁一少女

同一愛國心，行爲積極消極不同。

北平東直門外三里屯有六十餘歲老農王金魁者，近憤日寇侵逼，投河自殺，經撈出，衣兜內有紙條，上言我爲日寇欺人太甚，甯願早死，不作亡國奴。

又有賣唱少女，名李想容者，每次登壇演唱，未敲大鼓，先之以一段簡單的演說。勸人從事救國，聽衆多爲感動云。

茲一老翁，一少女，其行爲雖不同，然皆發自同一之愛國心，同爲難能可貴之舉措。不過前者屬於消極。後者屬於積極。前者祇與人以一時之刺激，勢難持久，收効未宏。後者則使人聽言自反，沈浸濡染，自有潛移默化之功。目今報章雜誌，名言偉論，非不動聽。巨奈法語莊言，難入常人耳際，誘掖獎勸之旨，反黯而不彰，勞而鮮効。茲所以不憚詞費論敘此事者，欲主辦救國宣傳者知所從事也。

保衛團被受最慘酷之刑

寶山縣屬之大場鄉被日軍強佔後，地方蹂躪，慘不忍言。當日軍至張家宅後，即將該處未及退出之保衛團戳傷十餘人，另有數人被日軍用鋼針刺入手腕脈線內穿出，貫以繩索懸吊於樹上。該團員等哀號欲絕，慘呼之聲，令人不忍卒聞，越半小時始氣絕身死。

王彬彥尚有人格

前閘北江灣保衛團團長王彬彥，日當局於十九路軍撤退後，請其組織閘北華警隊，由日軍官節制。日當局此舉，殆欲施其在東三省所行之慣技，圖在上海組織傀儡政府。日人在東三省先請當地紳耆組織維持地方之警隊，而歸日軍官節制，繼乃進一步，設立地方政府，卒乃成其所謂國家政府。聞王君友人曾請其研究東三省傀儡政府之歷史，加以拒絕。自今觀之，王君果已拒絕所請；而由江北漢奸胡立夫承乏此職務矣。

王彬彥曾語新聲社記者云：鄙人任閘北保衛團正，已歷年所，團員現有千餘人，報僅載團員二百餘人，即可證其實未明瞭閘北保衛團眞相。自此次滬變發生後，鄙人親率所屬，不辭勞瘁，不避艱險協助後方警戒，維持地方秩序，暨努力於救護掩埋消防與設法建築防禦工作，供給小工之給養等工作。日以繼夜，雖在槍林彈雨之中，未嘗片刻離團。迨至三月二日上午二時許，十九路軍爲變更戰略，全軍引退後，敝團見軍警已先後退去，爲保全軍械，免受敵人繳去，不得已於十一時許始率隊向漕河涇方面而退。敝團係在市政府指揮之下，如欲仍回閘北維持治安，當唯市政府之命是聽。組織華警之消息，當係日人挑撥離間之慣技。鄙人茹素有年，久無意於仕進，除對於地方慈善事業向來不辭勞怨，竭力進行外，對於政治從不顧問；如熙洽袁金鎧等輩，王某自信尙有人格，決不願爲之云。

26

無意識之爆竹

距十九路軍撤退淞滬第三日之下午，約自七時至九時，蘇州河以南尤其是四馬路一帶，忽爾大放爆竹，震耳欲聾，聞者咸以爲又有戰事。其傳說有四：一謂南市發生衝突。一謂閘北又被我軍攻回。一謂新龍華到了大隊援軍。嗣又傳出消息，實係日軍大敗，白川陣亡，故爾燃放爆竹，慶祝勝利也。於是遠近相傳，均作是說，人人狂喜，歡聲振耳。路上民衆列隊作非正式遊行，前導者，或揮揚國旗，或吹打鼓樂，聲勢壯烈，氣概激昂。各店肆遂於此時爭購爆竹燃放，歷三小時之久，硫黃之氣，充塞瀰漫；店門之電炬則大放光明。於時各機關西人，有向華友握手致賀者。眞可謂盛極一時也。然而確實之緣起，究竟如何？則不過後方援軍開到前方，在瀏河接觸，稍有勝利耳。國人殆以國軍敗退後，悲憤鬱抑，今茲一聞勝利，急須發洩，遂不待戰報確實之證明，價值之估定，與全市各界事前約定，遽作出此無意識之舉動也。

滬戰中留日學生狀況

我國留日學生三千餘名，自上海事變以來，因交通斷絕，匯兌不通，物質上既感窮乏，身體上尤覺危險。茲節譯日報所揭載者如下：(一)大連滿州日報云：在東京中國留學生自滿洲事變發生，除已陸續輟學回國外，此次上海問題突發，深恐爲日本人所害，頗爲憂慮。現在麻布板倉之中國公使館，因將公使離日已久，館中景象，蕭索異常，而留學生又未明本國眞相，常赴公使館探訪消息，是以使館中江參事官，日夜督同館員九人，接收電報。日來小石川區大和町之中國留學生本部，由各處逃來之男女學生，日以百計，正討論歸國方法。(二)東京報知新聞云，我國當局(日本)因上海事變，爲防範中國留學生起見，前已令警視廳嚴密偵查外，並派員多名，日夜監視各留學生行動。邇來留學生多困於經濟，以致下宿料(旅館費)不能付清；且彼輩又恐日人之襲擊，莫不憂形於色。(三)大阪每日新聞云。中國留學生在西京大學者，本有卅七名，前已有十一名歸國，自上海事變後，各省學費，斷絕接濟，故彼輩已無心求學。二月十六日午後五時，新城京大總長，在京都近衛通樂友會館，招集留學生廿餘人，開談話會。列席者有米川，佐佐木，田村，恆藤，駒井，吉田，濱田等教授，極力勸慰，新城總長謂，因中日糾紛未了。諸君深感不安；但此次事變，原爲排日而起，斷不致直接加害於諸君之身。至於由省費貼補之學生，則極力在文化事業部設法云云。其他各教授，亦有同樣之表示。然我國留學生，因慮日本浪人尋釁，咸懷戒懼之心，故從前獨寓於日人家者，今皆相繼搬出矣。

熱誠可嘉之助餉者

十九路軍深明愛國愛民之義，力盡守土禦侮之責，以故備受民衆之歡迎愛戴。一二八滬變以來，滬上各機關各行肆各團體個人之捐輸餉糈者供給軍用物品者，幾無日無之，亦書不勝書也。茲所紀者厥為一種難能而可貴之捐助，如：大東舞女趙秀貞將舞資及向客人捐募所得之五百元大洋，託申報館代送十九路軍。陳江寶陳四寶陳蘭寶，三小學生節省四閱月之點心錢每人二十元，直接寄達於蔡廷楷將軍。苦力工人黃會養先後託律師公會轉交十九路軍一次十五元一次三十元則謂盡屬節衣縮食所得來者也。此其熱心愛國視一般富豪之略斥微資以為捐輸者，不尤難能可貴乎？

難能可貴之慰勞

各機關各行肆各團體與私人之犒贈十九路軍將士，慰勞十九路軍傷兵者多矣，豈暇一一為之記錄。如下所紀，蓋在當時固萬口傳說，認為難能可貴，而在事後，亦宜有特別紀載，使時移事易，其事亦不湮沒也。法租界八仙橋菜場灘販俞阿德發起捐款慰勞傷兵，各灘販聞訊，紛紛解囊捐助，當場募得一百七十元；并購買菜肴送往大同公寓及四明醫院兩傷兵醫院。西人Miss Sues女士，至紅十字會辦事處詢問傷兵狀況；允於每星期捐洋五元，以資慰勞傷兵云。成才英文補習學校教職員數人以販報盈餘之款，每日交申報館存積，轉送前方作爲慰勞云。名醫徐少圃之子女七八人咸自願將壓歲錢取出，計洋五十三元，捐助前方將士，以作慰勞費云。中華口琴會，特製「慰勞我軍」新曲，由會長王君偕男女隊員分赴各傷兵醫院演奏，以爲各傷兵娛樂遣興云。

女士贈詩慰征人

軍用服裝會成立後，趕製應用衣服，致送前方，所募款物雖不多，但其中如大統路斯文里馮君之六七歲小兒三人，亦知各破撲滿，悉數送捐前方戰士。又有柳姓小學生僅十三歲，每日代該會向各方募捐。且每日必親自擔米粥兩桶，致送童子軍收容所，實爲難能可貴。又該會各女士所織絨繩頸圈，均繫有勉勵將士小詩，彌可珍貴。錄之如下：「風雪入新春，干戈起滬濱，心長嫌線短，聊慰出征人。」（陳彩珍織題）「織此織物，聊表寸衷，慰我將士，暖我兵戎，守土盡責，爲國効忠，殲厥醜類，克發膚功」（陸均瑞）「一針一線密加功，送至軍前慰有功，勿忘禦寒並禦侮，閭閻救國與人同」（施淑雲）「秦大觸天河，傷心奈若何，歡騰與壯士，累唱凱旋歌。」（胡淑卿）「士庶慶彈冠，倭奴胆盡寒，只因雪

國恥，眞個靳樓蘭。」（胡幼卿）

官僚助餉一人而已

民國過去現在之達官顯宦，何止累萬盈千；今國難當前，餉糈孔急，但見一岑西林先生捐助萬元而已。岑公捐出之萬元，據謂實屬養老之資，因佢服官十載，身無餘蓄也。惜哉！樂於輸將者無餘蓄；有餘蓄者吝嗇不肯輸將。岑公此舉後應者絕鮮，眞辜負其勉爲首倡之意也。岑之快郵代電云：『各報館鑒：頃致上海蔣總指揮蔡軍長暨各師旅長幷同胞一電文曰；「倭寇申江，賴我十九路軍同仇禦敵，大挫敵鋒，長城可恃，幸免偕亡。煊以衰朽之年，息影吳門，日聽捷音，距躍三百，此次戰事，全恃我軍官兵誓死奮鬪，始獲勝利。惟連日劇戰，奮勇堪欽，死傷可憫，勉竭綿薄，捐助一萬元，以爲撫䘏死傷官兵之用。煊服官數十載，身無餘蓄，謹以養老之資，藉作細流之助，區區之數，勉爲倡首；更望同胞繼起，踴躍輸將，贊成此舉也。煊前於中東之役，亦曾請命赴前敵殺賊，惜有志未逮。今年逾七十，猶願負羽前驅，爲國效死，祇以孱軀抱病，行動維艱，有心無力，徒喚奈何！尚望諸公再接再厲，掃蕩妖氛，雪甲午之恥，揚國家之威，不僅吾粤之有光耀也。款存上海浙江實業銀行，請派人持函往取爲幸。謹佈區區，伏維公鑒。岑春煊篠」。』

汽車夫爲國犧牲

上海人胡阿毛，年四十一，向在前副郵務長秦雲笙處爲開車。解雇後，現在南市救火會爲開車。二月廿六午後，至虹口百老滙路探望親友，行至中虹橋附近，被日守兵攔住，搜獲開車執照一紙。知胡素諳駕駛，遂拖至滙山碼頭司令部拘禁。至明晨，有日兵四押令胡至附近，有預停卡車一輛，滿裝子彈軍火，廹胡駕駛至公大紗廠。胡無奈，只得佯爲允許，開足速率，由日兵四人押解。詎阿毛仇日心切，夙有犧牲報國之心；故駛至目的地，故意橫轉車頭，直駛浦江，因車行極速，一霎時連車入浦，一時浪花四濺，人車均無影從。據胡阿毛友人云胡阿毛家尚有年邁老母，家境甚蕭條云。此事傳出後，聞者咸奮悼惜。古人不云乎：「慷慨赴死易，從容就義難。」阿毛死事，百世之下，聞者亦當動容興起也。茲附錄申報所載詠胡烈士詩於後；以資詠歎焉。車轔轔，行何之？敵兵刼我沙場馳。哀車中纍纍物！干辟萬灌毒所鬱。一彈可制一人命，毀之勝殺百梟獍。時乎一去不可更，今日之事我爲政，死我一人生百人，一死乃不負厥身。飈輪疾轉身入水，大呼阿母我歸矣！報國事重身區區，人彈同盡無一餘。浪花拍天車影沒，十丈江心葬白骨，今日江心添白骨，明日沙場少白骨。此骨入海隨江濤，咬龍見之遠遁逃；上化雷霆下山獄，浩氣長薄星晨高。」按敵軍累遭慘敗，死傷山積，所有運尸回國及一切輸送，急需車輛。聞曾以重價向各洋商購置，然爲數亦微，不敷應用，其所存損壞之車輛甚多，意欲向各洋商餌以重金，招人爲其修理。馬廸汽車修理部職工同人聞而大憤，雖以所居地位，爲洋人管理，且以飯碗問題，未能隨意動作，但愛國熱誠，終難壓抑。故已集合同人，決議，要求廠主，拒絕修理敵人一切車輛，不達目的，決不復工。其愛國之心，至堪嘉許。並聞該職工同人自罷工後，一致往我軍後方辦事處投效，爲修車義務工云。吾國工友爲人輕視久矣，倘人人能如該修理部職工之勢熱愛國，盡國民一份子之義務，有錢出錢，無錢出力，則敵人殊不足畏也。

青年胆識大可驚人

青年膽識大可驚人

據北平「平西報」載：滬上此次作戰，十九路軍屢挫日軍，士氣振奮，民心安定。惟滬甯車站曾一度失守，後經奪回，盡殲此路敵軍。聞者皆贊十九路軍神威善戰，不知此役乃大得力於一十九歲之電報司機生也。

當車站失守時，站內人員儘先逃避，惟一十九歲之青年，忠於職守，未作走樣。日人旣佔車站，以爲青年年輕，無礙於事，且樂得廹令工作，可爲拍發電報，以資宣傳，遂留之，未加戕害。青年亦胸有成竹，漫應工作。其後十九路軍反攻，砲火連天，日人不支，卽十九路軍亦死亡達三百餘，戰況激烈，於此可見。少年鎮靜如恆，若無其事，日人強令發送之電報，故意錯誤，使援兵不得至。十九路軍旣下車站，日人狼狽而逃，青年乃指示我軍：日人埋伏何處，由何處逸去，人數槍枝若干，地電埋置何處。十九路軍乃得按圖索驥，將日軍盡行殲滅。青年則鎮靜工作，一如當日，滬寧車站得失而復得，皆青年之功也。此事作者迄未有所聞說，或傳聞失實，或虛構成事，亦未可知，然立意不錯，姑存之耳。

入虎穴　討苦吃

同胞可憐　日兵可恨

吳紹泉係日人擄去後，復交由工部局釋出之一人，受傷甚重，現尙在醫治。近爲人詳述被日軍擄去，備受種種暴虐待遇之經過，特記之如次：余供職合衆機器廠（在狄思威路其美路口），突被日陸軍步哨，拘至司令部；當有狀甚獰猙之三四輩形似上級軍官者，厲聲問余：「有否手槍炸彈？」余答以「無」，當遭槍柄刺刀齊下亂擊，從旁者尤復拳足交加，以致體無完膚，再用白布蔽余雙目，並將手足反縛，擲置人堆中（按已有多人綑縛其中），呻吟之聲不絕於耳。至當晚約七時許，將余曳上卡車，開行約半小時，似至一碼頭，擲入浦江中，水浸兩小時，余自問必無生望。旋又有日兵將縛足之餘繩，倒拖起岸，扛上卡車，又開行約一小時，下車驅上大躉船中，探知已有百餘人在（以粵人爲多）。日軍監視甚嚴，如是者歷兩晝夜，不但絕食，而且時加虐待。以雙目被蔽，不辨何地，後又聞倭軍帶數十人出艙，轉瞬卽聞槍聲數發，諒又有同胞數人被槍斃，而拋擲於浦江中矣。直至七日，有工部局捕房預備警備團，得戰區難民救濟會通知，前來援救；得慶生還者，共計六十五人，余今雖幸脫虎口，而四肢痛楚甚劇，恐成殘廢矣云。

二十天砲火下過生活之老婦

救濟會在閘北救出一老婦，據其自述云：余年七十八歲，廣東人，梁姓，向在寶山路虹江路口鴻興坊後之白雲庵修行。當戰事未爆發時，庵內本有尼姑十餘人，自一月念八日半夜槍砲聲發動後，次晨，各尼卽皆四散逃去，獨留余一人在菴中看守烟火。初意戰事不過數日卽了，且年已八旬，雖死亦不足惜；且存必死之心，决意不逃。不料日軍向我軍方面兇猛衝擊，無日無時不用槍砲彈及飛機炸彈向庵房四週轟炸，以致四圍房屋，皆被炸毀轟燒，無一完整。如此者相持十日，余雖抱必死之心，奈耳膜已爲猛烈轟炸聲所震襲，心房時時受激烈之震動，以致晝夜不能安眠，神志亦因之不清。如此者又過數日，精力已不能支，且柴米亦告罄，倘非我國守於戰壕內之軍人不斷給乾粮食物，得以充飢，則久已爲砲火下之餓鬼矣。二月十六日半夜，日軍忽大發瘋狂，用大砲向我庵之四週轟擊，計達六十餘響，是時但聞四面砲彈轟炸聲，房屋崩坍聲，以及槍彈爆炸聲，驚心動魄，求生不得，欲死無門。當時祇有閉目靜坐，待死而已。詎十七日午刻忽見紅十字旗一面，若自天而降，將我救出，得慶重生。殆得之佛力之庇祐也。

如此不妨含垢忍辱偷生矣

楊樹浦高郎橋鄉民張姓家，前日被日兵三名，破扉侵入，首將張某殺害，張之兩子覩此橫暴，卽從後門逃逸。屋內僅遺張妻一人，該三兵乃廹之入室，輪流強姦。旋二兵先去，一兵臥於床上矇矓而睡。張妻初以在強暴之下，雖欲報仇，或圖自殺，亦無能爲力，故只得含垢忍辱，偷生待時。至是，知雪恥報仇之機已屆，卽取日兵所佩刺刀，向該兵要害猛刺，霎時血花四濺，始棄利刃越垣而逸。若此婦之含垢忍辱以偷生，其志在待時雪恥，故終有以報其所天，固不忝於節烈也。

東洋影戲館內寃氣冲天

有左某者，在虹口嘉興橋附近被日兵捕去，送至附近之東洋御是館，（卽司令部）嚴刑拷打，令供出我軍情形。左某未予吐實，以商人應之。旋卽送至北四川路橫浜橋東洋影戲

如此不妨含垢忍辱偷生矣

館看押。脫險後語其經過情形於人，特追述於后：該處被押華人五百餘人，每日兩餐，每餐只給小飯團一枚，溫茶一杯。上午九時爲一餐，下午三時爲第二餐。被看押華人，每日須學習東洋操，跳舞，比武。比武時，先華人與華人角力，後華人與日人角力。對於廣東及江北人最爲虐待，江浙人較好。通日語者，卽帶往司令部，不知如何處置。對於婦女稍有姿色者，卽被官長帶去、多數婦女，每晚帶出，晨早仍送原處看押。又每令婦女將衣脫去，使着紅綠色運動衣，廹令在地上旋滾，或遭姦汚。婦女怕羞恥者，卽被割乳剜眼，或用刺刀刺其下身。看押所祇有日兵四人，被擄者夜間就地睡覺，概不許說話。審訊時，有一問官，自兼書記，一熟習華語者爲通譯外，倘有一傳達兵而已。

廣東大戲院日演慘劇

北四川路廣東大戲院內，一二八後，日演慘劇，主演者爲日本高級軍官，其招引觀客之方法，則派大批兵士及浪人四出羅致。故廣東大戲院內，日日客滿。其中大多數爲粵人之穿西服者，以及童子軍，工人，婦女，童子等。共計六百人之衆，此六百人卽日人所認爲槍擊日人之便衣隊。拘至院內後，每人均予一記號，令其坐於正廳，婦女則坐中排，每日下午演劇，結果，約有十數人供犧牲。刑場卽在北四川路日本小學校內。爲免除延緩起見，由日兵先將受刑人扑擊昏去。有海寧路某印刷所職員吳君，被日人捕去，卽拘於戲院之內，迭被日軍毆打，身受重傷。幸吳君爲四川人，後由高麗醫生爲之證照，始行轉送日領署，由日領送至工部局，然後釋放。又有被捕逃出之李國富丁桂榮二人聲稱：彼等於二月十五日被捕，先拘至日本小學日軍司令部，拷問打手指印後，由日軍押送至廣東大戲院內，有紙牌一塊，上書華文拘禁處。華人之被捕在該處者甚多，與我等同一室者，共百餘人。一舉一動，卽遭日軍毆打，頭破血流者，約十數人，地上鮮血淋漓，每日上午九時，發冷飯糰每人一個，至下午四時，又發一次。其中觀瞻較好之穿西裝人物，均在隔室中，將其勒死，尤以廣東人爲最多。據一般先被拘之同胞言：綜計我上流人物之在該院被慘殺者，至少在一二百人以上，被我等目擊者，已有數十人云。

神秘之街

虹口北四川路，近年來商業繁盛，入夜鬧市，雖號稱唯一富麗之南京路，猶覺遜色，故有「神祕之街」之稱。其所以名神祕者，乃三館三院三場有以造成之。三館者：理髮館，照相館，粵菜館，三院卽電影院，按摩院，醫院，三場乃跳舞場，靶子場，（虹口公園）跑馬場，（江灣跑馬）是也。每値假日，則神祕街頭，肩摩踵接，擁擠不堪。自一二八滬戰爆發，該路適當火線中心，並被日軍佔作根據地，戒備森嚴，附近居民，逃避一空，幾成寂無人煙之區域。我軍撤防後，經租界當局之交涉，重行開啓，而該路附近支路，焚燒殆盡，斷垣殘壁，滿目悽涼。市商會鑒於罷市二月，損失不貲，乃忍痛暫行開市。但沿途僅有西人商店，及小本營業之烟紙兌換店而已，餘皆鐵門寂無生氣。昔日五花琳瑯之橱窗，今則已成碎片亂紙之垃圾堆矣。街中常有敵人鐵甲車風馳電掣，三四黃色蟲，亦常挺胸凸肚，橫衝直撞，行人裹足，遠而避之。神祕街之復興殆將俟諸異日乎。

易培基今後住租界否？

前農鑛部長易培基氏，平常守不居租界主義，故特於江灣水電路建築居宅及藏書樓一棟，計三層大小房屋十餘間。易本世家，平生酷愛書籍金石字畫，三十年來，收羅豐富。此次日戰猝發，除運出少數書籍外，倘留有書籍字畫碑帖衣服等項，約三百餘箱，盡付一炬。據該區警察及該地土著工人云：我軍三月一日午前退去，日兵午後，即佔踞江灣，旁晚即有日兵率便衣隊數十人侵入該宅放火。並焚易宅弄堂房屋十棟，總計居宅及藏書等項，損失約值十餘萬兩云。聞易氏藏書宋元明舊本甚多，精抄本殿本亦不少，碑帖字畫磁器佳者尤衆。此次損失，關係吾國文化，實非淺鮮。茲探得損失單，照錄於下：三樓大洋房一棟，三層共三十八間，花園亭子，又弄堂一樓一底洋房十五棟，共五十餘間，電燈電話自來水管俱損失，書籍二百零七箱，內有宋元本七種，精抄本四十餘種，明刻本四百五十餘種，殿本五十餘種，碑帖一千三百餘種，內有明拓二十餘種，故宮銅器拓片二百餘種，磁器七箱，內有明磁及乾嘉磁四十餘件，銅器三十餘箱，內有楚宮鐘及漢鼎彝弩洗十七件，六朝唐造象十尊，元權四石器十三件，內有漢石經十三方，魏唐墓志三方，魏唐造象四方，雕漆器二十四件，內有明嘉靖大餅四屏風二，嘉靖小餅六，小盒八，乾隆大餅二，小盒二，衣箱七，內有貂皮男袍一，狐皮灰鼠十四，其餘棉夾單衣及雜件二百餘件，器具生

41

財三百餘件，內有全棟水汀美國油木全屋椅桌長几，以上各項，皆已盡成灰燼。

有情人努力下層工作

「我倆承某某兩先生介紹，並得雙方家長之同意，謹於某月某日，在滬結婚，國難方殷，俗禮概免，特此奉告，卽希公鑒。

此類廣告，自一二八滬變以來，報紙上無日無之。物美價廉，機會難得，好事成雙，殊堪慶賀。天空軋軋機聲，遠處隆隆砲聲，充耳不聞也。死傷積野，流亡載道，熟視無睹也。一輩子惟知相與製造國民，不遺餘力。此之謂努力下層工作。

「匈奴未滅何以家爲」之句，均非所語於今日之上海人士矣。六年前，作者主編雄風報，曾戲擬「新經濟政策」若干則刊登其上。中有教人結婚欲省費用，宜於戰亂時舉行之，則一切儀禮，均可概從簡略。且戰亂影響交通，不特親友賓臨不便，可省筵資，而遷徙流亡，藉口難以邀約，請柬亦可省却也。今乃見諸事實，作者撚鬚笑笑中，又不禁喟然興嘆也！

十九路軍之溯源

忠勇之第十九路軍，在中國戰史上，堪稱戰績奇偉者矣。該軍於八年之中，歷大戰四十八次，共勝廿七次。初為粵軍第二旅，後編為第十師，繼改編為六十一師，繼又改編為第十一路軍，卒乃成為今日之第十九路軍焉。欲紀第十九路軍之歷史，當回溯八年以前，當時有廣東青年一團，編入粵軍第一師第二旅，歸年甫卅之勇健軍官二人統帶，一即蔡廷楷，一即蔣光鼐。今日一為第十九路軍總指揮，一為第十九路軍軍長，已成中國之新英雄矣。是時粵局紊亂，陳炯明與林虎由汕頭進窺粵垣，圖逐孫中山。省當局派兵禦之，屢戰失利；既而敵軍距省僅數日路程，省當局乃命粵軍第一師馳往迎擊，第二旅屬焉；一戰而捷，是為蔡蔣受砲火之洗禮。戰後，陳銘樞任第十師師長，以蔣光鼐副之，蔡廷楷則任第二旅旅長，是年平亂有功。民國十五年，粵軍悉歸蔣介石指揮，誓師北伐，第十師首入湘省，克長沙，汀泗橋一役，與吳佩孚之精兵作殊死戰，雖大獲勝利，而將士陣亡者甚衆。繼乃循江而下，佔漢口，旋於是處改編為第十一路軍，以陳銘樞為軍長，蔣光鼐副之，蔡廷楷陞任第十師師長。當吳佩孚下令作總退卻也，全師入豫，獨劉玉春率精兵負嵎武昌。國民軍屢攻無效，繼乃調第十一路軍，限一星期克之。受命之夜，陳蔣蔡商定策略，卽晚進兵，翌晨城上之五色旗，已改爲青天白日旗矣。民國十六年秋，第十一路軍復奉命入贛，與孫傳芳軍戰，師到不多日，卽克南昌。北洋派之最後督辦，從此一敗塗地。旣而因赤化份子把持江西省政府，陳蔣乃赴南京。時國民政府已告成立，蔡則返粵。是年陳蔣奉命回粵討共。旋陳任廣東臨時省政府主席。直至去年四月，因甯粵分裂，始被廹下臺，蔣則任第十一路軍軍長，該軍後改編爲第三師，歸南京政府直轄，以蔡爲副師長。粵桂失和，發生內戰，蔣改任第六十一師師長，蔡陞任第六十師師長，守衞粵境，以禦桂軍。但未進攻。後一年，該二師奉命赴北，參加討伐所謂北方混合政府之役，是時乃改編爲第十九路軍，蔣任軍長，以蔡副之；敗馮玉祥之勁旅。未幾，又一內戰發生，十九路軍奉命回贛，稍事休息。民國廿年秋，復負剿共任務，九月七八兩日，圍共首賀龍之根據地興國城而大敗之，殺敵甚衆。陳銘樞之被逐於粵省也，十九路軍猶在贛省，旣而陳任京滬衞戍司令，乃調十九路軍防衞京滬區域。本年一月廿八日日軍進窺閘北，乃起與抵抗，是爲該軍所經

44

之第四十八次戰役，而令全世界爲之震動焉。

十九路軍將領之略歷

蔣光鼐，字憬然，廣東東莞人。畢業保定軍官學校，民十二，孫文任大元帥時，任粵軍第一旅二團團長。民十四，任國民革命軍第四軍第十師副師長，兼廿八團團長。十五冬，任第一軍副軍長，兼第十師師長。十九年復任十九路軍總指揮。

蔡廷楷，字賢初，廣東羅定人。十四年任廣東革命軍第四軍第十師廿九團團長。北伐之役，屢建奇功，十六年任第一軍廿四師副師長。繼遷升第十師師長。十八年編遣後，任粵第二獨立旅旅長。該旅後改爲第六十師，任師長。現任十九路軍軍長。

戴戟，字孝惘，安徽旌德人。民十四任國民革命軍第四軍第十師師長。十八年縮編後，任第三師副師長，兼第八旅旅長。十九年復任十九路軍第六十一師師長。後因病辭職。現任淞滬警備司令。

沈光漢，廣東茂名人。現任十九路軍第六十師師長。

毛維壽，江西峽江人。現任十九路軍第六十一師師長。以沈着耐戰見稱，曾身受數傷。

區壽年，字介眉，廣東羅定人。現任十九路軍第七十八師師長。性躁直，每戰輒奮勇猛衝，一往無前，當者披靡。

翁輝騰，字照垣，廣東惠來人。現任第七十八師一五六旅旅長。體格魁梧，精明強幹，待人和善。曾在日本學陸軍，英國學海軍，法國學航空，一海陸空軍之全材也。

張炎，廣東吳川人。現任第六十一師副師長，兼一二二旅旅長。其兄世德，惲名「猛張飛，」已陣亡。張炎深得乃兄風，在軍中，大著勇敢善戰之譽也。

劉占雄，江西人。現任第六十師第一二〇旅旅長。體高大，有「羅宋人」之稱。

十九路軍將領抗日之決心

十九路軍將領若蔣光鼐，蔡廷楷，戴戟，區壽年，譚啓秀，翁照垣諸將軍，對於守土抗日，早具絕大之決心。在戰事爆發之前，局勢既見緊張，蔣光鼐戴戟諸氏卽已各託其妻君子於至友某君（一說卽託諸十九路軍領袖陳銘樞），幷立下遺囑，示必死之心矣。又當時區譚諸氏之友人偶以對日抗戰否見問，區譚二氏咸憤憤然曰：「倘政府不令本軍抗戰，吾輩惟有自投義勇軍殺敵耳。」噫！十九路軍之英名，殆卽從此建立而永垂不朽；其戰蹟之顯赫中外，震懾強寇，蓋有由來也。前廣東省長楊庶堪氏有詩詠之云：「倭寇摟船撼十洲，淞江一戰足千秋！袁崧遺壘端孤峙，黃歇明珠有勝游。建國幾曾薪膽厲？和戎經負幗巾羞！飛機雷砲轟聲息，晨夕毀憂欲白頭！」又童嘯秋君寄詩申報，中有詠十九路軍云：「抵死摧強寇，健兒百戰雄，氣吞河岳壯，血濺浪濤紅。父老爭輸款，將軍屢建功，廟堂遺恨在，誤國是和戎！」是皆對十九路軍表其崇拜，揄揚者也。

霹靂一聲之十九路軍通電

一月廿八日晚十一時廿五分，上海市公安局接日本領事信內附日本第一遣外艦隊司令官致市長及公安局公告各一件。略稱帝國海軍鑒於多數邦人住居閘北一帶，爲維持治安計，欲以兵力配備該處，以負保安之責，本司令希望中國方面，應將閘北方面，所有中國軍隊及其敵對設施，從速撤退等語。旋日本海軍陸戰隊於十二時正，信號發動後，卽向華界進攻，佔領北站。我軍及憲兵將站奪回，兩軍遂接觸。廿九日，十九路軍蔣光鼐蔡廷楷等，乃發出如下之通電。「暴日佔我東三省，版圖變色，國族垂亡，最近更在上海殺人放火，浪人四出，極世界卑劣兇暴之舉動，無所不至。而砲艦紛來，陸戰隊全數登岸，竟於儉(二十八日)夜十二時在上海閘北公然侵我防線，向我挑釁。光鼐等分屬軍人，惟知正當防衞，捍患守土，是其天職，尺土寸草，不能放棄，爲救國保種而抵抗，雖犧牲至一人一彈，絕不退縮，以喪失中華民國軍人之人格。此心此志，質天日而昭世界，炎黃祖宗在天之靈，實式憑之。」

蔡廷楷將軍應對得體

蔡廷楷軍長曾在軍次，招待外報記者，到有英美法德，各報駐滬通訊員及上海各西報各通訊社記者二十餘人。蔡氏背壁面火爐坐，諸記者則在烟霧繚繞之中，手持鉛筆，且問且作紀錄，爲狀咸極專心。約一刻鐘後，咸趨至園中少息，並進小食；爾時此名滿中外之蔡將軍，卽爲大小鏡相所包圍，言語談笑，一一咸爲鏡頭所攝入。主人旣有問必答，客亦歡忻異常。其中有不少問題，極饒興趣者：某西報記者問曰：「蔡軍長前在何處受教育？」蔡氏答稱：「余固未曾讀書者也。」發問者乃曰：「佳哉！不讀書乃能成良將。」聞者爲之莞爾。又有某君叩蔡氏曰：「將軍于治軍之外，亦兼營他業否？譯者述畢此語，蔡氏笑答之曰：「余專心治軍，無暇更營他業也。」關於此種問題，雖似細瑣，而蔡軍長必一一靜聆，詳答之。此外關於各記者之問答，更擇要紀錄如次：(問)軍長置身戎馬幾年矣？(答)近二十年。(問)何時始入行伍？(答)十八歲。(問)自廿八日與日作戰以來，華軍死亡若干？(答)約二千人；惟平民及婦孺喪生者，已不下六千人矣。(問)聞蔣介石氏曾來前線視察，有此事乎？(答)現在十九軍抵抗日軍，爲力已足，蔣氏尙無來此視察之必要。(問)將軍與蔣氏之雙方感情如何？(答)十九路軍係中央所轄之軍隊，蔣氏爲吾長官，軍人天職，祇知服從，無所謂感情若何也。(問)現在前線作戰之兵士人數有若干？(答)約三四萬人。(問)聞華軍中有德顧問，有此事乎？(答)絕無其事。談至此？關於吾軍何不盡將租界中之殘餘日軍驅逐一點，各西報記者亦曾叩及，蔡軍長當答以爲公理人道而戰，不願以租界精華之區，膏砲火之吻。故對於日人依據租界作戰，一再容忍。嗣各記者又(問)日本將派重兵來滬，將軍亦有所籌畫乎？(答)余係軍人，責任捍衛疆土，惟知抵抗到底；成敗利鈍，在所弗計也。綜觀蔡將軍所答各記者數十問，無一不深合大體，使人忻服。我亦欲效某西報記者之口吻曰「佳哉！將軍未嘗讀書，乃能明大體善辭令。使更肆力讀書，其造詣將何如乎！

蔡廷楷與張學良之異同

曩者西報記者詢問張學良，對於蔣介石下如何之批評？張答蔣爲長官，祇知服從，不便批評。聞者稱之。(見去歲各報)近頃蔡廷楷招待各報記者。西報記者詢以將軍與蔣介石氏之雙方感情如何？蔡答：「十九路軍係中央所轄之軍隊，蔣氏爲余長官，軍人天職，祇知服從，無所謂感情若何也。」(見廿五日申報)與張之語，如此一轍，兩人立言，均知大體，是二人相同之點也。九一八瀋陽禍作，張倡言不抵抗主義，致舉國之人，皆唾罵之。一二八滬戰暴發，蔡立下決心，誓死抵抗，國人則一致讚揚之。二人皆軍人，而對於守土衞國之責，一如彼，一如此，是又二人不相同之點也。

蔡廷楷亦抱不抵抗主義

淞滬抗日禦侮之功未竟，國難方殷，而百粵之風雲密佈，內戰之禍，殆又廹近矣。忠勇衞國之十九路軍軍長蔡廷楷氏，對於內戰，深惡痛絕。日前，蔡氏在蘇州花園飯店，有人叩以對粵局之意見。渠謂：吾國因連年內戰，致造成今日之國難。若再內戰不已，則國家必滅亡無疑。今後若有人命余參加內戰，則余命令所部士兵，將槍械全部投入浦江，實行不抵抗主義，決不參與內戰。野心之軍閥，祇知個人權位得失，罔顧國家利害，雖有九一八，一二八之嚴重訓戒，曾不稍悟。吾人惟有努力於反對內戰運動，則國內軍人，自有起而步蔡將軍之後者矣。

高佬蔡與區老虎之關係

十九路軍之蔡廷楷區壽年，粵人稱之曰高佬蔡，區老虎。蔡區明知之，而不以爲忤，蓋粵人之有綽號者比比皆是也。按蔡區均羅定人，蔡入行伍，初從區之叔父，位僅排長；及區叔死，其營底即由蔡繼承，區則隨營而爲書記，於此可見蔡區友誼之密，關係之深矣。

翁照垣是無畏之中國人

四五年前，法京巴黎各報，曾刊一驚人消息。謂有一華人，在法學習航空，一人獨駕一機，作練習之飛行，在五百尺高，正翺翔間，機忽損壞，冉冉下墜，觸於近郊電線。當時飛機全部焚燬，而此機中華人，在機將觸電線時，突自機內躍出，抵地略受微傷，竟免於難。報館記者，對於此新聞，除詳細敍述外，幷大書特書曰：「無畏之中國人」登於報上顯明地位。此『無畏之中國人，』今又在舉世注意之上海抗日戰中、屢建奇勛；從前無畏精神，益將發揚光大於無已。玆所謂無畏之中國人者，蓋即在閘北首先抗日，在吳淞死守不退之十九路軍一五六旅旅長翁照垣輝騰將軍是也。

翁將軍既學航空於巴黎矣，又曾學陸軍於日本，學海軍於英倫。且尤擅馬術，能於雙馬幷馳中，由此馬躍過彼馬。若翁將軍者，豈惟中國軍界中傑出之全材，在世界上亦屬有數之人材也。翁將軍前途之遠大，跂余望之矣。

夢苕室主有詠翁旅長詩載申報中，今附錄之，以饗讀者。「海角三旬血戰中，莫將成敗論英雄，從容猶想全師退，感嘆能教萬口同，未死此身終殺敵，臨危今日見初衷，兵家原不爭孤注，決勝還看最後功。

此之謂「以身許國」

第六十一師一二二旅排長呂林開君於廟行鎮一役受彈傷左手臂，經紅十字會救護隊車送後方醫院療治。在尚未痊愈時，忽於院中得讀報紙，見小場廟園竹墩等處，連日以來，戰極激烈。於是向院長要求出院，前往參加殲敵；但院長見其傷勢未愈，極力勸阻。孰意呂排長不待院長之許可，伺得間隙，私自搭救護車趕往前方，仍回本團參加作戰。經兩晝夜之奮勇殺敵，其面部下頦又中兩彈，始又退回後方，車送醫院療治。此一段事實，蓋一二二旅旅長張炎親以語人者也。

十九路軍以民衆捐款分惠工人

閘北江灣吳淞等區，平時工廠林立；滬戰發生，停工殆盡。據調查所得，失業工人，數在廿四萬以上。戰亂中物價奇昂，生活維持不易，此輩工人之給養，全賴社會各界爲之設法。十九路軍胞與爲懷，曾於各方捐來之慰勞費中，撥出三千五百元以之捐助戰事失業工人救濟會。會中工人無不感激十九路軍愛民之至意也。

十九路軍所得民衆捐欵之用途

馬占山舉兵抗日，海內外民衆紛紛集款匯寄，以助軍餉。實則此項捐款，祇合說是慰勞。若說幫助餉糈，則餉糈自有政府頒給。至於守土衞國，本屬軍人天職，民衆慷慨捐輸，足徵熱心愛國矣。馬占山所得民衆捐款，究竟若干？用途如何？雖在繼續抗日作戰期內，應守祕密，但民衆捐其血汗之金錢，自願明瞭結果，故馬占山應將用途大綱，通電全國。十九路軍愛民愛國，禦敵守土，淞滬鏖戰，聲譽卓絕，宜國人之盡舉昔日愛馬之情以愛戴十九路軍，爭先恐後，慷慨輸將也。十九路軍對於民衆捐款如此踴躍，深爲感奮，除於二月十六日發出鳴謝各界書外，越時一月，復發如下通電。十九路軍之廉潔，可見一斑。該通電云：各報館轉全國同胞公鑒：敝軍抗日滬濱，承海內愛國同胞，敵愾同仇，熱心輸助，士挾纊而知仁，馬加鞭而愈疾。所得執弭屬鞬，與強虜周旋，以至於今者，亦我同胞血汗精誠之所振勵鼓舞也。敝軍許國十數年，平日所斤斤自矢者，惟在實事求是，款不虛糜；矧茲一黍一銖，皆同胞救國所寄。必使一黍一銖，胥用於抗日救國之途，故自義款頒來，即劃定用途於下列數項：救卹傷亡將士，一也。作全軍之特別活動費，二也。軍實虧缺之補充，三也。準此支配，所有出納收支一一列註簿錄，敬謹保存。屬寇敵未殲，猶在繼續作戰期內，應與一般軍事內情暫從祕守。一至相當時機，立則宣布中外，以著信徵。庶使同胞毀家紓難之情，昭於天壤，敝軍報國不欺之志，同指山河。謹置簡言，並鳴謝悃，臨電不勝翹企嚮往之至。蔣光鼐蔡廷楷戴戟同叩。

十九路軍對於首都遷洛之表示

十九路軍對於首都遷洛之表示

中樞遼遠，應援困難，絕無顧慮

十九路軍將領蔣光鼐，蔡廷楷，戴戟，等，昨日通電全國，表示以純潔之心，純潔之血，貢於黨國。原文照錄如下：洛陽中央黨部，國民政府主席，汪院長，蔣委員，各院部長，各省市，各級黨部，各級政府，各軍師旅，各民衆團體，各報館，均鑒：暴日貫徹其武力侵略之政策，傾其國力，意圖呑併我疆土，消滅我民族。東三省既被佔領，乃肆其兵威於長江流域，我不得已，乃有自衛之抵抗。中央政府，因首都地位危險，時時在敵人砲火脅廹之下，應急制變，斷然不疑，遷移洛陽，與法都之遷波爾多，土都之遷安哥拉，同爲禦敵圖存之必要政策。武裝同志，全國國民，方幸有安全行使職權之政府，以領導民族鬥爭，不容懷疑，無可非難。方今寇益深入，國瀕於亡，血氣之倫，祇有發揮一致效死之精神，滌除詆排傾軋之惡習。舉凡私見之異同，權利之夢幻，一洗而空。我十九路軍奉命守土，本捍患之天職，自衛之正義，洞胸斷首，萬衆一心，犧牲最後之一彈一卒。對於中樞之遼遠，應援之困難，絕無顧慮。全國武裝同志，激於愛國自衛之良心，人自爲戰，在其守土之下，敵來則與之死戰，成敗利鈍，不容計及。吾人深信能奮鬥者不滅亡，服正義者得勝利，世界苟有公道，暴日斷不得逞。吾人尤切望於散處各方之中央委員政治領袖，發揮其拯救危亡之抱負，致力應付存亡一髮之危局。古人有言：「覆巢之下，無完卵。」不自救者，其結果爲自殺。我十九路將士以純潔之心，純潔之血，貢於黨國，貢於全民；邦人君子，聽此最後之哀鳴，其亦鑒其至誠，宥其戇直。蔣光鼐，蔡廷楷，戴戟，暨十九路師旅團長全體官兵同叩冬。

日人心目中之十九路軍

不放日本兵在眼中
是我軍大無畏精神

日本報知新聞二月十八日載上海大槻特派員電云：自一月廿八日夜半衝突以來，中國軍究竟死傷若干，絕難查訪。但中國正規兵之夜襲反攻，便衣隊之機敏狡猾，以及十九路軍之猛烈抵抗等，與我輩(日人)在未戰以前所料「支那兵一戰即逃」的觀念，適成反比例。故予就其原因，特加研究：原來中國南方之軍隊，皆不明日本兵之威力，而指導彼等之將校，又藐視我國（日本）之海軍；甚至將日本兵不放在眼中。此是中國將校一種錯誤的優越感。然則推究其所以如此者，率因中國的十條軍隊教育精神，有以造成者也。即一，不怕死，二，不貪財，三，要耐勞苦，四，愛名譽，知恥辱，五，嚴守三民主義與紀律，六，犧牲私見，七，愛護人民，八，忠實職務，九，團結精神，十，滅絕殺人放火之共黨，打倒帝國主義。以上十條，每日由將校口授兵卒，中國兵熟諳牢記，因此各兵士，均能奮勇上前，與敵軍對抗。所以今日吾人不但不可輕視其軍隊，且甚可供我軍（日軍）之參考耳。

國母讚美十九路軍

稱爲中國之模範軍

已得精神上之勝利

大陸報記者曾在傷兵醫院與孫夫人宋慶齡女士晤談。孫夫人極力讚美十九路軍，稱爲中國之模範軍隊。孫夫人謂十九路軍抵抗日兵，爲中國獲得國際上之榮譽，保護全中國民衆。日本軍閥初則自跨於四十八時內完全佔領上海，而外國軍事視察家亦深信日軍於三日內能將中國各口岸封鎖。今十九路軍阻止日軍前進，竟達一月之久；此次以戰略關係退却，並不能目爲中國之自殺政策。故十九路軍爲中國獲得精神上之勝利，較諸日本所得之物質上勝利爲尤多也云。

我軍奪獲戰利品之統計

我軍在淞滬與敵作戰時，奪獲戰利品，爲量甚多，種類亦繁。計步槍約五千餘桿來福槍三千餘桿小鋼砲約三十餘挺，廹擊砲十餘尊，快砲三四門，水機關槍三四十挺，大砲七八十門，其中以十四生的十七生的者居多，亦有二十一生的者，但多毀而不能用，坦克車十六七輛，鐵甲砲車二十四五輛，飛機十餘架，至於子彈尤多，旗幟約五十餘面，此皆光榮壯烈之紀念品也。

十九路軍撤退淞滬前之表示

對全國民衆垂涕而道語重心傷

十九路總指揮參謀處告全國民衆書云：滬案發生，及今匝月矣。我軍以血肉之軀，與敵重兵利器相激盪，卒能迭挫兇鋒，屹然不動，國人創痛之餘，莫不躍然而興，色然而喜，以爲我國從此可抗強敵，躋高位，與列強分庭抗禮矣。而一部分人士之心理，則適與相反，皇皇焉恐戰禍之延長，貽國家萬刦不復之境。夫逆來順受，委靡不振，固爲國人之通病；誇大之心理，僥倖之希望，亦非吾人所應有。拯民族國家於危亡，伸公理正義於世界，此種艱鉅之工作，非一蹴可致，尤非可以畏難而退者也。同人受國家豢養，以身殉國，義所應爾，及今以未死以身，願貢一言，爲國人告：

吾人欲知滬案之肇因，懸揣將來之結果，必須明了日本之國情，及世界之大勢。日本自山縣有朋，而田中義一，遞及現在之犬養毅，其所謂大陸政策，始終一貫，而不少變。甲午之役，奪取朝鮮，實爲北進之發端。日俄之戰，樹立大陸政策之基礎。加以二十一條件之保障，郭松齡張作霖之被殺，日本東北之勢，遂益形鞏固；其第一步之侵略，乃告成功。於是伺機佔領東北，浸及中國內部之志，益不能忘懷。

歐戰以還，各國經濟衰落，工商凋敝，關稅戰爭之劇烈，賠款問題之僵化，世界經濟恐慌之現象，益趨嚴重；加以蘇俄崛起，赤化大防，時虞潰決。而國際之間，復不減少其嫌猜，無論對內對外，各有其難言之痛苦。至於中國之混亂衰殘，則更無以況之，虎視鷹瞵之日本，豈肯放過此良好機會？於是去年九一八，一聲霹靂，遂攫陷瀋陽，囊括三省而去矣。

瀋案發生，我國政府，隱忍退讓，信賴國聯，以謀和平正當之解決。惟是國聯之於各國，非能如臂使指；蓋國聯為腦，列強乃為腦細胞也。細包不健全，而欲腦之有能力也，難矣。是以瀋案發生之初，國聯固不乏人仗義執言，但不久即由曖昧而軟化，由軟化而袒日矣。

反觀我國社會，則爭奪者如故，依賴者如故；加以民衆憤激，越出常軌，輿論龐雜，莫衷一是，使執政者忙於應付，無所適從，既不能戰，復不能和。日帝國主義者，看透事實，更毫無疑義，而伸其鐵腕於中國內部，一二八之滬變，遂以爆發。

敝軍衛戍京滬，首當其衝，矢守土禦侮，為軍人天職。且上海為吾國經濟中心，南京爲中央政府所在；京滬不保，國脈卽斷。是以毅然決然，以自衞之目的，與暴日相週旋。一月以來，敵之兇暴行爲，日益加緊，吾國同胞，死於鐵蹄之下者，奚啻萬數，物質之被毀滅者，其價値且不可估計。然而吾國同胞，毫不因損失鉅大，而減少其勃躍情緒，且增加無限之希望。世界輿論，亦因日寇之兇殘，及不惜擴大戰禍，而提出抗議。英美等國，積極干涉之態，且漸趨於具體而明顯。然後知惟有奮鬥，乃足以發揚民族精神，延展民族生命；惟有自助，以求自力之生存，乃能博得世界之同情；暴力雖強，終不能壓倒正義也。

雖然，中國之前途，卽可告樂觀乎？英美各國，果爲正義出而裁制暴日乎？暴日卽能翻然而變更其一貫之「國策」乎？吾人皆不能無疑者也。吾國物質利器之不及人，自無庸諱言，欲一戰而屈強敵，在理在勢，均有所未能。英則素以穩健外交著稱於世界，美國則鞭長莫及，望洋興嘆。且皆因國家經濟恐慌，不能自拔，而於對日問題，破壞其反俄陣線，亦不無顧慮。謂能出而積極制日，豈可遽信。至於日本軍閥之黷武主義，正如旭日之升，吾人遙聆出淵在美，謂美日兩軍，當在滬作球戲；及日軍閥謂十九路軍未知日帝國之威武，故敢與之拒抗之語，其氣焰之高，不可一世，卽其國民大多數亦未減其信賴武力之心理。此次總選，政友會仍佔勝利，即可以覘之。欲其將所謂關係日本存亡之大陸政策，一舉而更張之，尤絕無希望者也。

顧於另一方面以觀察之，則英美正以挽救其經濟恐慌，需賴中國巨大之市場，而不願中日戰禍之延長，尤不願坐視其東方商業根據地上海之陷於危險，更不願日本稱霸東方，破壞門戶開放機會均等之局勢。故雖有種種困難，終必有爲解決自身利害而奮起干涉之一日。再以日本未來之難關言之，日本自瀋案發生後，海外貿易，一落千丈，國家財政，已陷於極困難之境，加以侵滬軍費總選舉會之臨時支出，美國名流更倡言對日經濟絕交，蓋足令社會恐慌，金融混亂。且嫉視者衆，外交孤立，國內輿情，漸趨非戰，勞師費財，持久作戰，不戢自焚，豈可倖免。

吾人從此可知對日應取之方針矣：日方利在速戰，挾其利器重兵，欲一舉而屈服我國作城下之盟。操宰割之柄，我國則應謀長期之抵抗，以待國際之變化，及敵國自身之崩潰；毋以目前軍事之勝利，期僥倖之成功，毋懼戰禍之延長，生苟安之妄念，斂其氣而不肆，持其志而不懈。日本一日不罷兵，外交一日不勝利，則我國一日不停止武力拒抗。至暴力屈服於公理之日，卽吾國民族復興之時。夫法謀獨立，奮鬪百年，勾踐復仇，臥薪廿載。我國四萬萬同胞，誠能立下決心，誓死抗日，則或可不俟諸百年也。

十九路軍之竹帽與鐵帽

我國陸軍所戴之帽，幾全屬布製軍帽，若鐵帽，則除却一二最高軍事領袖之衞隊與助十九路軍在淞滬禦侮之八十八師，此外無一枝軍隊有資格得戴之。此番十九路軍禦侮淞滬，槍林彈雨中，目睹敵人頭頂鐵帽縱橫馳驟，遇險如夷，已不勝其妒嫉與羨慕。而已方以缺乏此項鐵帽備受槍彈之危害，以致不少無辜之傷亡。滬上民衆，愍然憂之，亟爲集資購製鐵帽送贈十九路軍。今後十九路軍健兒頭上皆得以鐵帽作表示其戰績殊榮矣。按十九路軍之健兒平日於布製軍帽外，更備一種竹帽，以竹箬爲之，形圓，負於背上，遇烈日暴雨則戴之。上書「十九路軍」四字。此物本山人農民之雨具也，十九路軍用之於戎馬行伍間、頗爲世人所注意仰慕。美國詩家谷博物館中，曾得一具陳列，關係輾轉向十九路軍中長官索得者。一時彼邦仕女與華僑紛紛前往瞻覽，雖希世之皇冠不是過也。

日本國難即將開始

暴日侵入東北後，其侵華之一部份目的已達，則排除蘇俄在滿蒙勢力之行動，當繼續進行。襲擊上海，目的亦不僅在威服中國，更直接欲打破英國在長江之勢力，奪取美國遠東商業之地位。故歐美列強，忌之也深，防之也密。滬戰期間，日本之天空中，竟發現不知所自來之飛機兩次。太平洋風雲緊急，日本之國難殆將開始矣！日人詎得高枕而臥乎！茲探錄關於外國飛機偵察日本要塞之新聞兩則於次：二月二十四日東京時事新報載：二十三日下午二時半，舞鶴要塞地帶，舞鶴灣內粟田灣上，天空突發現一架無標誌名字之飛機，旋迴空中，低約四百米，詳細偵察該要塞內之金崎砲台及白杉砲台後，即北向福井縣大飯郡直飛，至小濱灣方面而去。該要塞司令大起恐慌，立託岐阜縣下各警署積極進行調查該怪機之由來矣。事隔兩旬，大阪每日新聞又載稱：冲繩縣中城灣匯流之久高島上空，於三月十三日突然由南方飛來一機，在該島上繞行一周，旋向北去。際此嚴重時局中，並無何等通告，竟有飛機祕密抵此，確係偵察我國(日本)國防上重要地點之中城灣無疑。因此

日本國難即將開始

沖繩聯隊區司令部，認爲事情重大，立卽呈報陸海軍兩省。同時接到兩省復電，謂並無本國飛機飛至該處，其爲外國偵察機無疑，現正由各方祕密調査中。

66

日軍閥之造福國人

失業人數日有加增

數達四十七萬

日內務省社會局調査去年十二月以來失業人數達三十七萬七百三十六人，失業日見增加。此失業者中靠薪俸生活者有七萬七千三百五十八人，日傭勞働者十八萬八千九百三十六人，其他勞働者二十萬四千四百五十八人。

日軍閥逼人犯法

大阪有一米店，其主人名足立要作，現年四十七歲。上有八十餘歲老母，日前暴卒，下有子女數人，全家祇靠其長次二子經營店務生活。不意長子於二月被召入伍，出發上海前線，生死莫卜。其次子最近又被徵進營，以致店務無人照料，營業不振，情急萬分。乃縱火將鋪房付之一炬，希冀騙取五千元保險費，以維目前生計。事爲巡警察覺，竟被捉將官裏去，飽嘗鐵窗風味。此亦日軍閥黷武之所賜也。

擲巨款買得華人怨恨

日政府公佈

上海事件費

三千四百廿七萬二千四百八十一金元

據大阪朝日新聞所載　此次核准之上海事件費三千四百二十七萬二千四百八十一金元，其內容已由高橋藏相於二月十九日將應支出之額，分別公表總綱如下：(一)外務省百四十萬四千三百二十八元。(二)陸軍省千六百三十四萬四千零六十六元　(三)海軍省千六百零九萬七千四百四十元。又外加特別會計預算支出費三十二萬六千六百五十七元。此不過二月十九日以前之細賬，二月十九日以後又不知需用若干也。　聞日當道發行上海戰債一千六百萬元，樞密院初未照准，後經疏解，已予核准矣。耗此巨款，所得代價爲何，不知日軍閥亦有反省及之否？

神戶華人商店今昔之比

自瀋滬事變以來，神戶華商紛紛歸國，華僑商店驟形減少。最近據神戶水警署外事科調查：在去年一月份，神戶華人商店共有八十二家，現在已僅存三家。神戶因此損失對外貿易額每年約達日金五千萬元。

犬養毅與孫中山意志同一

誰其信之？

立法院委員彭養光，曾以舊友資格，私函警告犬養毅，詳述日本危狀四伏，武力侵略中國，決難成功，冀促其覺悟。犬養毅覆彭養光函云：「敬承高諭，王霸興亡之理，老夫實卽同感同憂。但恨老夫出廬之日，滿洲業已事變紛起，延以至今日耳。上海事故，亦爲兩國不幸，老夫深憂之。但足下認爲事實者，與老夫所聞有多少異同耳。區區衆訟，姑置勿論。要之，老夫深憂兄弟鬩牆之愚者；老夫意志與孫總理意志本來同一矣。此種欺人語，誰其信之？

可笑之誇張與詆毀

日軍在二月廿九日以前之向我進攻，可謂着着失利。彼竭其海陸空三方面之攻擊與破壞，歷時過一月，而攻佔淞滬之軍事目的，迄未得達。中國軍隊，砲火顯遜於彼，人數亦不及彼方之多。況彼海上有軍艦之掩護，空中有飛機之助威，又可利用租界作作戰根據地；一切物質條件，均遠勝於我。故戰事開始，鹽澤通告各國，謂四小時內可取閘北，而外人初亦作如此之期待。孰料十九路軍人人懷必死之心，前仆後繼，堅守却敵，竟予彼以重創哉？十九路軍之壯烈勇敢，譽滿中外，日人乃不能不自承其日前誇張之謬誤；而又不甘自貶，乃對十九路軍肆其詆毀。據日報載『十九路軍長蔡廷楷，師長沈光漢，毛維壽，區壽年等，都是一班暴徒，所以不怕死。』暴徒或者多不怕死，而不怕者豈必屬暴徒？似此種幼稚不通之詆毀，吾人聞之，眞不禁啞然失笑也。

暗殺團大活動

大阪朝日新聞云：自前藏相井上被狙擊後，最近又發現暗殺團琢磨男事件。社會上頓起恐怖之念，警廳因案情重大，極力搜查，結果已悉該二兇漢，係血盟決死隊之隊員。該隊宗旨，專以謀暗殺政黨中之資本家爲目的。聞黨員約有四五十人，中有軍人數名參加。

上海日日新聞云：暗殺團琢磨男案有重大關係者，住四谷區，業出版業，原爲日本國民黨書記長。現充日本生產黨員之鈴木善一，自事件發生以來，行跡詭異，本日（十日）向警視廳自首，午前十時，由吉岡警部開始審問，由鈴木口中，已吐出暗殺團內容之有力端倪矣。

追後犬養首相之被殺，蓋有自矣。日本暗殺之風，其將日甚一日乎！

犬養邸突來怪漢自殺

東京時事新聞云：日前犬養首相官邸，突來一不速之客，年約三十五六歲，身披大衣，頭戴茶色呢帽，手挾皮鞄，求面會犬養。號房荒木，告以不在。該漢默默不語，蹲踞大門旁，取出長約六寸之刀，向腹部猛刺；幸爲門警瞥見，未受重傷，尙無生命之憂。後經調查，謂因失業，故出此下策以洩怨憤而警犬養也。

荒木自吹自讚

日陸相荒木對赴其官邸訪問之國聯調團團長李頓等，談中日國民性之不同，竭力抑華揚日。略謂日人之性似泥，就各個言，富於彈性，而一經黏連，結合之力極強。華人之性似沙，就各個言，頗爲堅硬，然絕不能團結之。五六年前，余遊中國，見一女郎哭於路，問何故？答稱爲父母所責。假使此爲日本女子，必在家中牆角以袖掩面而泣，必不哭於道中，供人嘲笑。當戰鬥時，日人人自爲戰不欲牽涉他人。華人則一見敵方力強，立求他人爲助。日人性急，其故殆由於常遭地震及水火等災，慣於抵抗。華人性緩，殆由大陸氣候之所致。吾望閣下調查中國情形時，須記此中日國民性之異點云云。人固樂受褒揚，厭惡貶抑；而自己所有弱點則多不自知，縱千言萬語，苦口婆心，終無以破其惑也。

出意想外之調兵遣將

三易主師，由少將而中將而大將。

三度增援，由六千人增至八萬人。

日軍攻滬，揚言四小時間可得閘北。彼固以爲兵力足恃不虞覆敗者也。詎因連戰失利，始知遇到勁敵，乃不敢輕視。計主師三易其人，援兵三次派出。雖終得佔領淞滬，然以多勝少，其威名亦減弱不少矣。按日軍之指揮者初爲海軍少將鹽澤幸一，繼易以海軍中將野村吉三郎。海軍戰不利，易以陸軍，指揮者初爲陸軍中將植田謙吉，後擬加派陸軍大將菱刈隆，旋又改派陸軍大將白川義則。海軍則最初有鹽澤所統率之陸戰隊六千人。繼則有野村帶來之陸軍一混成旅約萬餘人，特別陸戰隊三千餘人。再則有植田帶來陸軍第九師團約二萬餘人。外增野戰砲兵一旅。終則有白川帶來第十一第十四兩師團約三萬餘人。眞可謂得浩浩蕩蕩，聲勢煊赫。但可惜其敵對方面，爲一隅之孤軍，器械人數均視彼方遠遜耳。以衆暴寡，以強凌弱，又何足取哉！

護僑所得之惡果

全滬日僑商工會年會，副會長吉田在日商俱樂部開會報告：自一二八滬戰後，疊次捐款勞軍，並充便衣隊應援後方各種工作，後卽報告去年度日商對華貿易額，輸入計十四億四千三百萬兩，輸出額僅八億八千八百兩，銳減二分之一。待滬戰暴發，對華營業，一落千丈，損失之鉅，難以數計。據最近商務官調查，自一月二十八日起，至四月十日止，日商工場，銀行，會社，蒙受營業影響約九千一百萬兩，應謀復業之方針。討論良久，仍無妥善之方法。蓋滬戰所中於華人之怨毒太深，華人今後之抵制日貨，必堅決徹底，自動實行，無待驅策也。

日僑也要嚐嚐逃難滋味

二月二十二晚九時許，日兵大敗，混亂潰退，我軍逼近北河南路三角小菜場時，一般匿居北四川路，崑山路，虹口，等處之日僑，因我軍砲火急迫，難以躲避，遂由槍林彈雨下，頭頂棉被，從外白渡橋向南而逃。三羣二隊，蜂湧而來，故一時沿黃浦灘之台灣銀行，正金銀行，日本郵船會社等四週人行道上，及各行門首石階上，席地而坐之日僑民，竟有人山人海之概。一種驚惶狼狽之狀，實非筆墨所能形容也。

日人矇蔽國聯之技倆

日僑時局委員會籌備之上海事變展覽會，在日本人俱樂部二樓舉行。其陳列品甚多，如植田師團某團長中彈斃命之鐵帽，古賀航空隊長跌斃時之血衣，曹隊長之血襪，及死傷兵士身內取出之鐵片槍彈，並附標姓名。更有事變時起因表，僑民婦孺之慰勞品以及一切戰鬥照相，分列四室。凡關於事變之瑣碎，應有盡有；更有使人觸目驚心者，即有巨幅日旗八面，均爲受傷人之鮮血圖成，（太陽式）（圖形）傷心慘目，殘暴誠使人痛心。當時日僑前往參觀者，擁擠不堪。其主要目的，實在假造事證，宣傳華人排日，矇蔽調查團之耳目。其作用與計某，固在此而不在彼也。

據日文報上海每日新聞訊，國聯調查團視察戰區後，卽至日本人俱樂部參觀華人排日宣傳展覽云。國聯調查團中想不乏洞明事理者，當不令日人之矇蔽伎倆得售也。

日人是這樣的覓取戰爭紀念品

大美晚報訪員三月八日曾至四鄉戰區數部分巡行一週。見華人屍身暴露於野，未掩埋者，不下數千具，雖戰士居多，而平民亦不在少數。且於火餘屋中，時見婦孺焦爛之殘骸，令人不忍卒覩。日人之屍身，已由日兵迅速移去；惟華人之屍身，除要區如江灣車站四周外，類尚無人過問。廣東山莊內佛像之側，有一老年農婦之屍，面目模糊，四肢殘斷，中股袒露，其肉表明曾受槍刺猛戳，數外人皆曾見之。尚有較此更甚而極慘者，爲備作證計，已留影焉。傳說加釘燒死之一屍，但見屍臥釘板，後見其釘乃由木板反面釘入，疑係該人死後，房屋坍倒，屍適觸及釘板所致。江灣大場眞茹三處，大部分已毀，破瓦頹垣，一望無際，似多爲空中轟轟之結果。三處尤以大場爲最，大場坍近，有殘破之紅十字會卡車數輛，顯爲砲彈或飛機炸彈所毀者。日本兵士及平民紛紛在此糜爛之區，覓取戰爭紀念品。兵士留影者，多立於華人屍身，持太陽旗，作露齒笑。間有取未炸之大砲彈，置於屍上，而留影者。日本平民，攜眷徜徉其間者，實繁有徒；且多手挽兒童，一路談笑，彷彿作休假之游樂者然。日當局對於外人之欲往戰區者，雖不肯發給通行證，而外人之得至戰區者，頗不乏人；惟歸途經過北四川路日軍司令部時，皆為日兵所阻，逼令下車在車內搜查一過也。

日人中之覺悟者

日基督教會不愧為基督信徒

日本全國基督教會二月號公報，載有紀事一則，如下：在東京區會議席上，松井僧正在其開會詞中宣稱：在二十年國際主義迅速發展及對世界和平注意之後，日本變為非常黷武國家。僧正未特提滿洲事件，但懇切勸告日本與基督教運動從事抵抗黷武主義。同時重新鼓吹世界和平及國際主義。又該會幹部於二月廿五之開會中，鄭重討論各學校及無線電台之軍事宣傳問題。旋經會長及書記長赴遞信省商請減少軍事宣傳之數量。迨滬變起後，該會迭次開會，最後決議，拍電紐約國際基督教會。電文云：日本全國基督教因世界和平在遠東現遭脅害，敬請國際基督教會關照各政府忍耐自處，以和平方法解決爭端。指示再用武力。並請每一國之基督教徒團體皆向各該政府爲同樣之請求云。

仇貨暢銷自有緣故

日人料定華人善忘　有利可圖不妨以德報怨

豈知人心已死　創深痛巨　一切可以休提

滬戰發生以來，中日貿易，停止迄將兩月。蓋戰亂所影響，交通關係，市面關係，感情關係，貿易俱難起色。戰事一告停頓，日方即亟謀恢復。在四月以前　日商在大阪神戶兩地，有大批建築材料分兩度先後運到。如水門汀（即士敏土）等約有四五千袋。彼殆以閘北屋宇多被燬損，若要復興，勢必添造房屋，而水門汀則爲必需之品也。其他商貨，在三月中旬即有七百噸由東京裝笠置丸運來，爲復航中商班之第一試行船。因無阻礙，故四月後日貨之進口者，幾無虛日，爲量至多。三井三菱兩公司輸入貨物價值已有五千萬兩，日商貨棧，積貨塞滿。緣該日貨係借用軍艦輸載，無須納進口稅，則成本更輕；再則滬戰後

仇貨暢銷自有緣故

，各國貨物，多以現金交易，日商則乘此時機予人好感，大放其賑；三則抗日團體，已被取銷，奸商買進日貨，暗中兜銷，無檢查沒收之虞，故無忌憚。在日人則料定華人善忘貪利，倘有利益可圖，則前此一切怨毒，可不復置意。噫！國人之貪圖私利，不顧國家，竟爲日人看透矣，抗日救國云乎哉！

侵滬日軍將領略歷

白川義則

白川爲愛媛縣之士族，生於明治元年，今年六十五歲，爲陸軍之先進人物。明治二十三年，在陸軍士官學校第一期畢業。明治三十年在陸軍大學畢業。初任步兵少尉，積功至陸軍大將。歷任士官學校教官，守正王府武官，步兵三十四聯隊隊長，第十一團參謀長，中國中部派遣隊司令官，步兵第九旅團長，陸軍省人事局兼俘虜情報局長官，陸軍士官學校校長，第十一師團長，陸軍次官兼航空局長官，陸軍技術會議議長，陸軍航空本部長，關東司令官，陸軍參謀官，田中內閣成立，任陸軍大臣，現任軍事參議官。

78

當去年東省事發，白川卽銜日政府之勅命，赴遼視察。蓋氏熟諳中國情勢，在日本向有『支那通』之譽也。當氏任大佐時代，曾充漢口日軍守備隊職使。當關東司令官時代，更曾運用巧妙之手腕，處置驚震一時之郭松齡倒戈案，此舉深受日人之讚許，並博得日本軍閥之好評。當陸相時代，又曾出兵山東，搆成濟案。今次上海事件，日政府以先前各司令屢戰屢北，不能償其侵略之野心，最後乃決定委氏爲總司令，出遣上海，統率全軍。

植田謙吉

植田，現年五十八歲。其祖先爲河內狹山藩壯條子爵家臣。父植田謙八，爲陸軍二等官吏。中年生謙吉，後居大阪，就學北野中學，畢業，入東京士官學校，爲第十期畢業生。參預鐵嶺之戰事畢，調充陸軍省軍務局課員，參謀本部部附，教育總監監附，軍馬補充部部長，駐天津屯軍司令。歐戰時，隨福田大將參加前線工作。諳英語，夙持獨身主義，故有『童貞第九團長』之稱。

日軍領章之顏色

有戰事訪員某君，經三星期之默察，略悉日本各種軍隊領章顏色，大致如下：步兵爲紅色，砲兵爲黃色，騎兵爲淡綠色，紅十字會或戰地救護隊爲黑綠色，航空隊爲淡清色，輜重隊爲深清色，憲兵則爲黑色。

日人狡辯使李頓忍俊不禁

當國聯調查團參觀戰區，行抵眞茹，入暨南大學，至洪年圖書館，及致遠堂，日方指館外側門所貼反對調查團來華標語，謂爲暨大學生所貼。李頓笑而不言，我方王景岐謂日軍來此已三週，儘可從容布置也。日方繼指洪年圖書館中書籍，謂爲華軍所帶走。李頓則大笑，謂退兵時，軍火且不及顧，何獨愛惜此書籍耶！又致遠堂內有反對市府接受日方所提四條要求，及反對解散抗日會標語，日方指爲反日標語，比釋其義，乃知非是，李頓又大笑。當調查團返抵北站，李頓曾詢日本對無抵抗之平民擲彈有何必要？及日機所擲係殺人彈抑燃燒彈？日方否認係燃燒彈。問何以中彈卽起火？則稱華軍儲軍火於民房。問不虞傷平民乎？答以「十分小心，絕不傷及平民。」問高在若干丈以上之飛機投彈，何能保其不及毗連無辜之屋？則再三強辯，乃以「十分小心」爲辭。日人狡辯誣賴之伎倆，于此可見一斑矣。

日軍官之失儀

英領署中日停戰會議中，日秘書効辛予之晝寢，鼾聲大作，致鬧笑柄，上海各日報曾刊載之。日方似不以爲意，故又有繼起効尤之者，不知此態實屬失儀也。植田謙吉中將出席時，有佩劍者三四員左右相隨，坐於會議室一隅。三月三十一日第九次大會開會，亘三小時之久，有二人枯坐無聊，且以不解華英語言，益覺乏味，遂以指揮刀充手杖，閉目養神。英使監溥森氏斜睨微笑，爲植田所窺見，會議散時，植田微拍其肩，始兩目惺忪，起行而去。噫！一之爲甚，其可再哉！

日軍不諳日來佛條約

紅十字會救護員職在救死扶傷，決不參加戰爭行動。故任何國之軍隊，皆不得阻擾，任何國之紅十字會救護員，或傷害其生命。此規例載在日來佛條約，萬國信守。此番滬戰，日軍竟先後槍擊紅十字會救護員七人，已有二人，因傷死去。今特述郁鴻章君死事於後，以彰日軍之惡焉。已故煤業鉅商甬人郁瀛初，有幼子名鴻章，現年二十二歲，曾肄業復旦大學，極富愛國心。九一八瀋案發生，鴻章即深恨日人暴行，屢欲投袂從軍，均為家庭所阻；然其報國之心，固未嘗一刻忘懷也。此次上海戰事爆發，鴻章乃與煤業同人，立時組織上海煤業公會救護隊，並親自加入第一特別隊，每日赴前線工作。適八字橋發生劇戰，我軍陣地，凡三失三得，死傷人數，當不在少。鴻章乃於三月一日晨八時，偕同第十一支隊人員六人，往最前線，救護傷兵。車至東寶興路底，下車，步行至邢家橋相近處，忽為八字橋方面之日兵從樓上瞭見，遂以步槍瞄準，連開兩槍，一彈適命中郁之前胸，當即倒地，又一彈中後股，流血更多。同行者急駕之登車，將車開至寶隆醫院救治，但以彈中要害，延至下午四時竟溘然長逝矣。

日軍詭計多端

日軍因進攻失利，乃遣派大批江北籍民及便衣隊潛至我軍後方施以種種擾亂，以冀亂我軍心。詎便衣隊所攜符號，均被我軍識破，故又改用下例數種新符號，以避我軍檢查。(一)日軍便衣隊除於褲腰上印一『通』字外，並在呢帽邊內藏有闊一英吋長三英吋之紅紙一條。(二)專司擲炸彈者，咸發給雙十銅元五枚，以資識別，並囑令於歸隊時，將電車票插於呢帽左角。(三)任偵察軍情者，一律喬裝誠實商人，身穿馬掛，並隨帶日廠出品之掛表一隻，繫以白銅練條，首端繫有雙角一枚，中鑽一洞，糊以紅紙。此數種暗號，為時未幾，又為我軍警當局察破矣。

日人李代桃僵之詭計

有人目擊日軍，用第一四七號鐵甲車，載有所捕貧苦同胞，送往楊樹浦黃浦灘碼頭棧房內，禁不許出。有時亦用卡車裝運，每日有五六次，每次約三四十人，均被反縛手臂，惟見送入該棧，而不見釋出一人，不知其作用何在。或謂日軍對於被縛貧民，飲以茶色藥水，衣以和服，然後用殘酷手段，致其死命，再行拍照。意在誣蔑我國殘害日僑之行為，以作欺騙之僞證也。

卑鄙之挑撥離間

二月廿二日下午，有日飛機三架，盤旋於上海市政府附近，散發似通非通之中文傳單。冒用中央黨部名義，詆毀第十九路軍不受中央節制，擅向日軍開戰，藉圖挑撥離間。聞閘北眞茹各處同時亦發現同樣傳單甚多。作者經覓得一紙，爲抄錄如左。吾人觀之，當不難知其爲日人所僞做也。

「第十九路軍不奉黨國之命獨擅向日軍開釁藉使良民痛受塗炭之苦實屬無理已極本黨絕對反對與日軍開戰打倒第十九路逆軍」

敢死之士祇有三人

據日記者談：二月二十二日早晨，日軍欲突行攻破廟行鎮我軍陣線，植田向全軍臨時召集決死隊，全軍八千人中，應者僅三人。較諸日俄戰爭時之軍心，不振極矣。蓋徒爲耀武揚威之故，勞師動衆，師出無名，士氣又安能振作哉！

日軍非戰慘遭屠戮

駐守閘北一帶日軍，自接得植田謙吉二月廿二日之總攻擊令後，三千餘名之新到陸軍中，有六百名不願參加作戰，頓時譁變。日軍陣地，一時秩序大亂，當經其他日軍，將其包圍繳械；並卽急電植田司令，請示處置辦法。植田之命令旋到，囑將該項譁變部隊，卽日押解回國，以免煽動軍心，有礙作戰矣。此事發生後翌日之晨二時許，楊樹浦匯山碼頭，有一運輸艦，裝有日兵約四五百名，駛出吳淞外洋面停泊，旋卽有步槍與機關槍聲，同時大作，約半小時許，卽歸靜寂，彼所謂叛變之日兵，殆於此時悉遭處決矣。聞該項日兵，均係青年學生，新近由日開到，因違抗軍閥命令，不願與我作戰，日軍指揮長官，恐發生意外，遂將該不服從之一部份兵士，哄騙出口，同時令預泊該處之日艦突然包圍，悉數槍決之。（又訊）敵軍來滬後，屢遭挫敗，故兵士作戰精神，非常不振。據自引翔鄉方面逃出之難民目擊，當彼於二月廿一日自東體育會路經過時，見有日兵百餘人，為另一隊日兵押送至附近田間，執行槍斃。後探悉此項日兵，屬於第七聯隊，因彼等作戰不力，企圖脫逃，故遭刑戮云。於此，可以見敵軍之色厲而內荏矣。

俘虜之一封家書

江灣一役，我軍大捷，對於俘敵，皆極優待，以敵方士卒亦至可憐，徒供日軍閥三數野心者之犧牲也。俘虜中，有名西尾其文者，隸金澤第九師團步兵第十九連隊第五中隊第三小隊，原籍滋賀縣東淺井郡大鄉村字川通，生於明治三十八年七月廿五日，今年廿八歲。此役被俘後，致其家中老母一書，哀怨悱惻，原書譯述如次：

「身臨疆場，始知戰事之悲慘，顧互殺或亦競爭歷程所不能免，而無可如何者也，此次第一感想，余以爲人生第一大事非他，個人之修養，實爲最重。

三日動員令下後，十三日至上海，受在滬同胞百般之恩待。至二十夜乃至北四川路任警備之責，翌日移防上海北區，二十二日「斥堠」（偵探）之任，遂與部下兵卒相別。夜中受盡痛苦，今晨十時得藏身之所，以爲或可苟安一時，孰意腿部爲敵彈所傷，不克逃走，一變而爲俘虜之身。

所幸異邦敵人，予以意外優遇，請勿罣念。事已至此，惟有委諸天命，但是心中不能忘懷者，乃扶兒長成之白髮老母，匪特未曾報答親恩，反增高堂憂慮，實於心不安耳。

母親，請恕兒，赦兒，並告文（譯者按：揣原意，或即其妻之名）諒兒罪，勿徒懸念，生命有限，但願神佛保佑。

兒切望大家親友不要爲兒作急，各自保重身體，兒前諸承照拂，無以爲報，非所願，天也。

別話多未及，惟感謝吾親二十餘年教養之恩罔極。

昭和七年二月念三日子甚六叩。

御母上樣（按即母親大人膝下）：

外御同一樣（按即合家均此叩安）

日軍示威到南京路上

日軍示威到南京路上

二月十五日正午，有日兵二車，路經南京路冠正帽店，時有華人數十名，圍立該店門首，聚觀玻璃窗上之各種戰報。日兵遽向觀衆開槍一響，彈中西面之玻璃窗，當被擊碎。路人驚而四散，幸未傷人，子彈當爲捕房巡捕拾得，備將來作交涉之證據矣。日人度量之狹隘，此亦一明顯之暴露也。

東洋地界名稱之由來

日軍攻襲淞滬，既已得逞，卽有割據閘北。設置租界之企圖。後以中國政府對於日方其他所得利益別有諒解，纔罷此議。所謂無領土侵略之野心，殆無不知其爲詐僞之詞也。停戰後，「東洋地界」一詞，卽洋溢耳際，此名詞果何自而來？殆難究攷。但聞人言：有往閘北者，日兵必詢以「何往」？「何事」？曰：「到閘北去」，則必遭阻難。若曰：「到東洋地界去」，則可縱放行矣。玆事實也，實日人侵略野心之最暴露者也。其所侵略者厥爲人心，是於經濟，武力等侵略外之又一方面之有力侵略也。我國人倘漫不思索，或且以爲「得到了門檻」，亦從之曰「東洋地界」「東洋地界」，是猶東北同胞之被逼稱「滿

88

洲國人，」曾不思所以抵制之道，遽甘受其侵略，則雖不欲亡其國亦不可得矣。

出雲艦險些入雲

日本海軍第三戰隊旗艦出雲號，排水量有九千八百噸，爲在滬作戰海軍司令野村中將旗艦；停泊在虹口武昌路沿江之三菱碼頭前。（卽外白渡橋北堍日本領事館前）自新任上海日本軍總司令白川來滬後，日本陸海軍司令會議作戰計劃等事，均在該艦舉行；該艦實爲日軍發號施令之總機關也。

三月一日下午一時許，在出雲旗艦之外擋，約距離該艦有四碼之遠，江內突生水雷轟炸聲。此水雷力至大，轟然一響，江面之水，乃飛起數丈之高。而沿黃浦之地面，均被震動，附近之房屋，亦爲撼搖。出雲受震，搖蕩不定，若距離稍近，該艦必難倖免矣。

水雷爆炸後，在艦日本海軍官佐，無不大驚失色，當時羣奔甲板，遂由艦解放摩托小火輪，至左右附近查察，竟一無所獲。

據鹽澤少將在出雲艦上語大美晚報代表：謂轟炸處距出雲艦側約三十米突。時野村少將與今晨抵滬之第十一師團司令白川正在會議。按出雲艦泊於日領事署附近。據日當局聲稱，該艦並未受損云。出事後，港內日軍艦卽縋下小艇，四出搜覓，蓋恐尙有其他水雷也。上海市民聞爆炸聲，初以爲乃屬地震。南京路口華懋飯店內之餐室及炙食間，因爲炸力所撼動，衆爲大驚失色；日人皆奪門而出，以爲東京大地震見於上海矣。

事後，日軍將領驚魂漸定，相與慶幸，以爲洞胸斷脛之災竟獲倖免矣。詎知未及兩月，乃有韓人尹奉吉在虹口公園於其舉行大典，興高采烈中，復饗彼等以炸憚，而主將白川卒以是殞其軀也。

妄冀神祜愚昧得可憐

日本天理教，以尊重皇室爲宗旨，故得日政府承認爲國教。該教對於軍隊，更有玄妙之作用。東京天理教本部，於此番滬戰派傳教師慰問使等二十餘名來滬，終日在日軍中宣傳該教教理，并發給神符，據云：倘能深信該教教理，可將神符藏之身上，雖在槍林彈雨之中，可保性命無虞。故日軍入教者，日達數千，而日軍閥又復奬勵備至，攷其用意，無非藉神助之說，送一般兵士往戰場，犧牲其生命耳。

國軍中亦有日人投効

當二月廿三日晨，日兵向大場鎮攻擊，馳驅村中時，於附近已遭擊毀之寺中，突有一華兵飛出，舉手高呼，自稱日人，請予救助。日兵卽將其帶回司令部，查明該華兵爲眞日人，原藉高知縣士佐郡士佐村，名中野段三郎，年十八歲。向在天津任事，因市面不佳，輾轉流落，於去夏來滬。因枵腹疲憊，步行欲跌，適見華方募兵佈告，當卽應募，被編入警衞第一師之機關槍隊，其後令彼在內之一部隊五十人開赴杭州，復於二月三日調至蘇州。及二日後，該隊來滬，彼始知所戰之敵卽爲日軍，心甚驚愕，欲謀逃走，因有人監視未果。當日軍猛烈砲擊時，彼乃逃至小院內稍憩。此事松岡洋右（前南滿鐵路總裁，近任犬養毅私人代表）於招待上海新聞記者時亦有談及也。

日軍騙及裁匠及剃頭師

白川帶來援軍中，穿便衣者人數亦不少。據說穿便衣者，皆日本國中裁縫匠理髮師等。徵調時，誑說日軍已經大勝，來上海係充當警察。但抵埠時，便衣日人，聽見隆隆砲聲，不免吃驚，不願上陸。後爲穿黃衣之陸軍，用藤條鞭打，強廹登陸。故均咨嗟怨恨，懊悔受騙也。

日軍閥驅日軍來滬送命

月迺家花園變作焚屍場

暴日自侵滬以來，迄將一月，死傷纍纍。最初，尚能將兵屍——從容裝入麻袋，運回本國。自二月二十日總攻擊後，日兵死者，已達三千餘名，傷者達六千餘名。如將兵屍由前線運往匯山碼頭，必須經過吳淞路一帶，深恐引起日兵恐怖；又恐裝回本國，引起國內反感。故自二十五日起，就近在狄思威路月迺家花園，舉火焚燬。聞已焚燬一千餘具。其後滬戰猛烈，日軍死傷甚衆，一時不及運出火焚者，即在江灣路天通菴路附近空場，先行火葬，將餘燼屍灰，存儲大甏，暫寄乍蒲路西本願寺存放。迄今堆積大甏百餘，屋爲之塞。乃於四月十一日全數運裝三笠丸帶囘本國。據稱：此次運屍灰囘國，已第十四次，日軍死亡之多，於此可見矣。

大隊長因部下殲滅自殺

日軍第九師團第七聯隊大隊長空閑少佐，於二月初旬遣遣派來滬。二十二日率隊在江灣嚴家橋小場廟等處，藉十五輛鐵甲車之掩護，向我守軍猛攻；但我軍防地，鞏固異常，絲毫難逞。歷二小時，全隊幾遭殲滅。空閑少佐胸部左脅亦中彈重傷，拼力奔返 幾瀕於危，即送至上海兵站病院救治，負傷頗重，呻呤牀褥。昨爲空閑部下林隊長四週死忌，各將士均往弔奠。而空閑少佐自覺全隊殲滅，愧怍無似，即以手槍向太陽穴自殺。並於自殺前，留有遺書一封，表示謝罪之意。一說：空閑大佐原已被俘，囚禁宜興；迨雙方交還俘虜，始得放還。比抵滬，即悼其長官林八大佐之喪，乃舉手槍對口腔自殺，蓋早懷必死之志矣。

日軍在滬人數之又一說

此次日軍與我國十九路軍鏖戰一月有餘，日軍屢戰屢北。我軍除第十九路軍三師外，僅有八十八師一師稍爲援助。人數不敵日方之半，且敵方有坦克軍，飛機，重砲爲之掩護衝鋒，我軍奮勇抵抗，殺敵過半，亦足以自豪矣。日方初次調來援軍，往往先事宣傳，以相恫嚇。後以面子關係，多祕密運滬，不准日報披露。故日軍在滬人數，究竟幾何，我人末由窺測。茲據日方可靠消息：日方兵力，最初鹽澤指揮陸戰隊六千餘人，商人義勇軍，約三千餘人。第二次野村帶來陸軍萬餘人，特別陸戰隊三千餘人。第三次植田帶來陸軍第九師團約二萬餘人。第四次菱刈隆帶來第十一十二十四三個師團約五萬人。以上人數爲報上所揭載。我人所已知者：白川大將來滬，共帶有三個師團，均爲日本之精銳。一名東京第一師團。（即日本禁衛軍）一名古屋第三師團，以馬隊砲著名，日俄戰爭時，曾在西伯利亞作戰，建立大功。一廣島第五師團，爲名譽師團。（模範軍）三師團人數，亦不下五萬人。故此次日軍在滬作戰人數，其總力量約有十二三萬人以上。故作戰時得在後方休養者，有四五萬人之多。此次十九路軍雖撤退第二防線，然日方罄其全國之精華，以與我作戰。貽辱我方固所不承，而日方亦不敢誇說榮譽也。

殺人之教育

日本之崇尚軍國民主義教育，世人盡知之矣。所謂軍國民主義，實卽殺人主義也。日軍侵滬滬上日僑共起援助，或作便衣隊，或任嚮導。彼其所受殺人訓練，蓋有素矣。日軍陸戰隊于戰事停頓後，頗多暇晷，曾有一次，捧彩紙製成之坦克鐵甲車，高射砲，野砲等，分贈日僑孩童。並口講指劃，詳爲解釋。各幼童莫不喜躍歡呼仿照作戰行動，遊戲對陣。足證日人侵略野心，自幼卽予養成，故長成後。莫不殘忍好殺也。

日兵月餉四元五角

晶報載：此次來滬日軍，先後達十萬餘人之衆，軍費預算，爲日金九千餘元，殊屬駭人聽聞。據本埠日僑方面消息，日兵每人所得極微，軍費十分之七八，消耗於械彈糧食。蓋日兵多爲義務役，在入伍期間，每月僅支津貼日金四元伍角。今以十萬人計算，月僅四十五萬元左右。日兵初到上海，雖食宿由軍營供給，而烟酒雜項，在在需款。富有者，乃由家中匯款接濟矣。編者按：日本對華用兵，出於軍閥之意，原有對內之作用。據聞對於現役軍人之優遇撫慰，無所不至。凡被徵入伍者，原有職業，概不停薪，而於傷亡將士之撫卹，軍人家族之慰問，尤爲注意也。

日軍確用達姆達姆彈

日軍不顧公法，用達姆達姆彈攻擊我軍，我軍已提出嚴重之抗議，惟日領仍施狡辯。茲悉德國醫藥博士彭姆君 Dr. G. F——Pume 近致函中國紅十字會，證明由渠醫治之中國傷兵，確係達姆達姆彈所致。該函曾提出種種證明，十分確鑿，日人雖狡，終難逃世界之視聽也。

按達姆達姆彈係 (Dum Dum Bullet) 譯來，亦稱柔鼻彈，係印度達姆達姆市的工廠所出。乃一種尖頭的槍彈，性奇毒，中彈，遍身膨脹，無藥可治。即觸及彈片，皮膚亦至潰爛。一八九九年，英國與南阿非利加的波亞戰爭時，用此毒彈，慘殺敵軍。海牙議和平會議條約，載明禁止使用，其後仍破約祕密使用。至一九一二年，國際和平會議，再行禁止，歐洲大戰爆發，慘無人道之國，又蹂躪條約，大用此彈。大戰告終，一九二二年，華盛頓會議，英美法意等國，三訂禁用條約，詎料此次滬戰，我軍將士竟遭此毒彈之重創也。

上海槍砲聲傳至日內瓦

中國顏總代表曾擬將上海槍砲之聲，藉無線電傳至軍縮會議，以促各國之注意。當向瑞士播音當局接洽，請在日內瓦電台裝置特別擴音器，接轉中國電台播放之上海砲聲，送入各國代表耳鼓中；獨惜未易得到瑞士當局之同意耳。

滬戰與國際調查團

日本於高唱「對抗世界之日本外交」聲中，對於國際視聽所注意之舉措，亦極其審慎，未敢一意冥行，放肆不顧也。此亦足見其素狡獪，行乎狡獪矣。當國聯調查團行將由日抵滬，上海日方既得東京通告，當即從事消滅暴行痕迹，希圖矇蔽國聯調查團耳目。如停戰後繼續開來之大批援兵，原駐吳淞口外者，則急令趕來上海也。黃浦江內日艦，則皆駛往揚子江各口岸也。上海日輪在戰後已全供軍用，至是，則授意日清日郵社將長江班中日班立卽照常開航矣。北區及虹口一帶與華界接壤處之鐵絲網，戰區內之頹垣破瓦，兵民殘骸等，均已淸除者淸除，泯滅者泯滅。此外更令江北漢奸，在各處要隘屋頂懸掛中華國旂，以示無佔領土之野心。總之，國聯調查團此來可謂全無成績。在我固毫無助益，此非日方之狡計得售，原國聯之派遣調查團，實爲一種延宕敷衍之辦法，調查團領會此旨，故亦惟有將表面事狀轉述，作一承轉機關；彼其在滿洲所調查，且全由日方供給其情報也。

日人不放歐美人在眼中

日人心目中無華人固矣，且亦不將歐美人放在眼中。滬戰發生後，歐美人士頗多主持正義，不以日人之舉措爲然者。由是，益發引起日人之妒恨，蹈瑕伺隙，挑釁尋仇，無所顧忌，無所不爲。日人殆眞個欲爲德人第二無疑矣。茲特記其所施於歐美外人之兇橫舉動數事於次，以彰其惡。

英人

英人派克斯 C. H. Parkes爲前西立里公學擊拳教師，二月十四日下午，往狄思威路北四川路轉角處，被日本居留民約五十人毆傷。按派克斯君駕汽車至該處，距狄思威路衖房僅數碼之遠，卽被日人攔阻。派君卽袖出工部局派司二張，一爲普通派司，一爲特別派司，其上且有鹽澤少將之印鑑，以便特別戒嚴時，在租界出入。但均爲日人攫去撕碎。派克斯憤而抗議，日人卽向之猛擊，并將其車扣住。派以無理可喻，抵抗無益，惟走向日海軍司令部，要求海軍當局，派人護送，並發出放車之命令而已。

四月十五日，有英人二，至跑馬廳審視場地可以打球否。二人均帶有日海軍通行證，(現已不需)且帶有攝影機，其中一人隨意攝砲後之馬廐，及其自置之農場。一人則賞玩春天之桃花。正在悠然自得之際，忽來日軍將其團團圍住，謂其係攝日軍堡壘。其實爾時日軍之堡壘，尚在江灣鎮三里以西之地段。當時該英人卽提出抗議，并聲明彼等係屬英籍。日軍仍置不理，將其帶往江灣鎮日軍司令部內。該英人要面見官長，然所見者僅一便衣之人。當卽着令將英人之影機沒收，英人拒置不可，并要求再見長官，亦歸無效。當該日人正堅執非將該影片燬去不肯釋放之際，一羣上差及落差之日兵，及江北苦力等，均聚而觀。英人見無可理喻，乃任其收去。但每架價約在二十五元左右，故又要求以出立收據爲條件。然日人之所能給予者，僅口頭一聲「十分抱歉」耳。

美人

美籍女教士馬露斯，來華已十餘年，曾任北四川路崇德女子中學校長，現充該校英文教授。據其宣言：三月四日上午，偕別一西教士名帖威林者，與該校校長徐松石持證乘自備汽車同往校內一行。見校中有日人私裝之橡皮水管，將校內之水接出校外，遂將該水管截去。然後與徐校長先行出外，詎意不久，卽有日便衣隊及日軍多人，一擁而至，將馬女士拉出痛毆，舉動橫蠻，無理可喻。馬女士當卽負痛逃回，向美領事館報告，並由美領派人於次日上午至馬女士住所，重行檢驗一切，以備進行交涉。同時馬女士以刺激太甚，頓發心疾，已由其胞妹偕往香港休息矣。

美商務委員羅炳生君，於三月五日，駕車至靶子路一帶巡察，該處所受損失。當回轉時，一日軍海軍所雇用之大車迎面而來，該車逼迫羅君之車讓入路旁，隨將羅君之車擠壞，車板擠碎，乃疾駛而去。羅君向該車夫喝阻，而車上日兵竟不令其停車，且向羅君狂笑．此種舉動，自使羅君難堪，故卽跟隨車後，直至該車至北四川路日軍營房處，始行停止．羅君卽令該車夫注意其所致伊的損失。於是卽有所謂日本便衣隊者到場交涉，該便衣隊將車夫攔開，意謂將外人汽車撞壞，毋庸煩惱者。羅君卽向一便衣隊輕拍一下，因此，所有之便衣隊，一齊毆打羅君，幸用力未大，羅君未受重傷。日水兵卽置身於便衣隊及羅君之間，意似保護羅君，然並未交涉便衣隊之舉動。便衣隊則數度衝突，極欲向前毆擊。羅君雖仍得上車而去，但當羅君上車之際，因車門未卽關閉，復被痛毆一下云。

四月十七日下午，一美國水兵向吳淞路日本商食品店購買食物，因找錢爭執，雙方發生口角。當時店內有數日兵在內，因而動武。雙方均受傷，一美兵眼部被毆甚劇，由虹口捕房帶去，轉交美司令部。聞事後日本居留民五百餘人，竟張大其事，齊集日本俱樂部開會，討論對付辦法，要求日領事向美國領事提出嚴重抗議。

法人

四月十七日下午，有法國水兵兩人，在北四川路橫浜橋境日本海軍會食堂橫濱亭內茗茶小吃。法兵誤為日本酒吧間，卽將該堂之日女傭拖坐身旁，呼為日本娘子。該女傭力拒不可，在座日兵則起身干涉。法兵不服，仍向女傭滿身索摸；日兵怒甚，即摑法兵面頰，於是拳足交加，法兵以寡不敵衆，負傷很重，由該地西捕前往阻止，代雇人力車送之而去。

德人

有德僑一人，住於狄思威路欲回其寓所，被阻於便衣日人，雖出日領事所發之通行證，日人仍不許其前進。乃與爭辯，該日人向之大呼曰：「外人皆無用，德人皆爲奸細」。故德總領事向日總領事所提出之嚴重抗議文中，謂：該日人顯係無教育之徒，故德總領事並不注意此事。惟對於日本僑民潛奪警權，不得不提出抗議。文中並言虹口區域事態，令人至可扼腕云。

日本駐外使領代日軍閥受過

日本進兵淞滬，演兇暴行爲，招致歐美列強朝野上下極不良之反感。在歐美列強政府當局尙勉守審愼態度，對日雖不滿意，尙無露骨之表示。若民衆，則制裁暴日之言論，旣高唱入雲，而警告暴日當局之行爲，更有明顯之實施矣。其初，則加芝哥民衆向日領署示威，與警察衝突而開槍，固明明揭櫫反對日本在中國之行爲者也。繼則馬尼剌日領館接獲頓木尼安者之恐嚇信。英倫日大使接到英國全國教員聯合會在福克斯頓開會詆斥日本在華之行爲，幷請英政府勿以軍火供給日本之議決案。同有駐美日使署前，有民衆多人舉行示威運動，執「痛斥日人在華帝國主義」與「打倒日本帝國主義」等旂幟，幷高呼「驅逐出淵大使」等口號。而德國漢堡之日本副領事，亦於是時被人痛毆，受傷甚重。總之，日本政府對華所施一切行爲，殘忍兇暴，故招致列強極度之不滿，而公正無偏亦無任何組織與政治意味之民衆，非若其政府當局之須負責任者可比，故得毅然決然，與日本駐外之使領人員以痛快之攻擊，而示教訓也。

第二國際首領對滬戰發表意見

第二國際社會黨首領比前外交總長樊迪文，曾赴中國遊歷，近在北京殖民協會演講中國近狀，對中國極表同情，反對日本侵略中國。宣稱：中國對於日本，如力持和平與抵貨辦法，最後勝利，必屬中國。又稱：列強應自動交還租界與中國若此公之主持正義，反對國際侵略者，誠足多也。

大科學家對滬戰發表意見

世界著名大科學家德國大學教愛因斯坦，於二月廿九日藉廣播無線電演講，勸各國人民，一致對日經濟絕交，以促成其停止對華侵略。

作者切盼世之科學家，對於愛氏言論加以注意及提倡，誠以近世戰爭之慘烈，科學家有以使之然也。

羅馬教皇諷刺日人

滬戰發生後，恰到一週月，（即二月廿八日），羅馬教皇乃發出播音無線電，為世人注視之東方兩大民族祝福。並謂世界戰禍，皆起因於不道德與貪狂，蓋寓諷刺日人窮兵黷武之意也。

蔡廷楷使日人改變態度

美報推重蔡將軍

當上海正在接洽重開和平談判，與日人巳表示較前合理態度等消息抵美後，美國各報復羣起稱道蔡廷楷將軍，表示欽慕之心。紀事論壇報社論聲稱：使日人改變態度，願開談判，趨向和平，援厥首功，當推蔡廷楷將軍，及第十九路軍。該軍力扼日本增援不巳之大軍於公共租界附近；既廹日本軍閥，將其不顧他人利益之心理，暴露於世界，又使日本人民對於其軍事方略得失是否相償，發生嚴重之懷疑。蔡將軍光明燦爛之抵抗，實畀日本軍閥以表示其意嚮之機會。此種意嚮，已耗費日本無限量之信用，又畀世界輿論以充分之光陰，表示其於史汀生國務卿美國政策宣言及國際聯盟權力之擁護。晚郵報評論，亦稱此次上海戰爭，不問最後結果若何，其最顯著之現象，即爲中國軍隊之力抗強敵；蓋蔡廷楷將軍，業巳將完全發展軍人本質所不可少之成分即「將才」供給中國兵士矣。

戰區內英美人之損失

△耶教徒損失甚鉅

此次戰事中英美人在閘北虹口之產業所受損失，並不重大。英人業主之向領署報告損失者寥寥無幾。美人之產業，以教會房屋與教堂受損最重，雖未呈報者尚有其人，然據現象觀之，堂宇焚燬，被彈中損，或教友家宅覆沒，種種損失甚鉅。茲已初步查竣，以閘北江灣吳淞三區域內爲限：查得被焚教堂十九，學校十八，醫院二，文字機關五，慈善機關三，中傷教堂十六，學校七，慈善機關四。至教友私人住宅被害者至少四千八百餘戶，直接間接損失之數更鉅，急待濟助無依者至少亦五百戶。

孝脫殉難補遺

美國飛行家孝脫義士，以二月二十二日下午三時，獨駕一中國飛機，在蘇州天空與日機交戰。因衆寡強弱之勢懸殊，竟以身殉。其太夫人曾兩次來電，囑將遺骸運回美國安葬；卒以我國政府與民衆迭請留葬中國，以資紀念，情意殷勤，不便固拒。乃偕義士之弟愛德門來華，料理喪事，爲卜葬於虹橋公墓。在義士則仗義成仁，在我方則感激悲悼，故其太夫人之在華，待爲上賓，政府與十九路軍皆厚賻之，飾終典禮尤備極隆重也。

按孝脫義士殉難後，報章競載其事。有譯其名爲薛脫夏脫，蕭特，蕭脫者。義士原名 Bob Short 美國華盛頓州泰科瑪人，現年二十七。來華不過年餘，初供職於上海蓋爾飛機公司，充表演員，常往京滬間，旋聘爲航空學校教官。殉難之日，義士駕新購之寶靈式驅逐機，由滬飛京，機價爲二萬五千兩，方於爾日由中央銀行付款。將至蘇州，見有日機二架，正在擲彈肆虐，義士憤甚，駕機迎頭趕上，開機關槍掃射之。日機蓋爲轟炸機，轉動欠殊靈活，勢不支；豈料遠處另有日機四架，皆爲驅逐機，聞警赴援，以一敵六，然猶擊落日機一架，小谷大尉死焉。義士爲人誠慤直率，在飛機公司，在航空學校，其技能固受人信仰，而其品行則尤得人崇拜也。

玆坿錄劉梯崖君挽士詩於後（曾登申報）以饗閱者：「中美邦交密，同仇敵愾深，一機示實助，三島起虛驚。壯志齎霄漢，英靈耀日星，應留薛脫塔，高矗蘇州城。

英美飛行家紛紛來華投效

一自孝脫義士殞身於日機之下，美國人士，多義憤塡膺，飛行界中尤憤憤不平咸願獻身中華，鋤抑暴日。如歐戰時在賴法葉愛士卞德飛行隊卓著功績之美飛行家霍爾，即已抵滬。黃秉衡氏之教授潘邦亦已作來華之準備。此外著名女飛行家威廉士夫人亦聲言願偕其夫壻服務於中國。在英國則有飛機駕駛員若干人，其中且有曾任航空軍官者，均聲言中國政府若允其請，將投效中國航空隊，或充教官或充戰鬭員或充駕駛員。均所甚願云。

倫敦學生電請投效

十九軍總部於淞滬退兵後，在蘇州曾接倫敦十三歲學住碧湖曼善查里士，加拿大卑利等函，贊成抗日，並請投效。。噫！是殆所謂聞風興起歟。

反日空氣瀰漫全美

此次日本在滬炸燬閘北，種種暴行傳佈於美國後，全美人士，咸爲驚駭。除政府方面曾迭次向日本抗議外，其民間對日本之憤慨，尤有積極的主張。玆特彙誌於次：

美國議員金威廉（Senator William HL King D. of utah）於一月三十日在國會提議。略謂：日本此次不顧公理，蔑視一切，以逼迫中國交戰，禍首誰屬，極爲顯明。余甚願世界上強有力之輿論，有以制裁之。美國及列強與國際聯盟，應即行宣佈對日本經濟絕交，並應禁止軍火及一切軍用原料運入日本。同時華盛頓省民主黨參議員第爾（Senator C. Dill D of Washington）亦有同樣之提議，但措辭不如是之激烈。

（二）前國府法律顧問林百克氏在華盛頓友華會提議：請全美國婦女界抵制日本絲，而以華絲或以人造絲代替之。此提議已經該會一致通過，由該會發出通告。內容略稱：我美國婦女對於世界和平運動，貢獻至多；不料在此和平之神方將降生之時，轟然一聲，竟被日本破碎。我全美女界爲和平計，應即抵制日本絲綢；如必不得已，可以中國絲或人造絲代替之，但切不可購用日絲。因我購日絲，日本以絲易我現金，轉而購置軍火，是不啻我美國婦女界間接的予日本以暗助，而使繼續行使其破壞和平之工作也，是烏乎可？

（三）紐者時省普魯士頓大學神道院全體員生（Princeton Theological Seminery N. J.）由該校長施蒂文生 G. Rose Stevenson 領銜，於二月三日致請願書於胡佛總統云：竊察遠東情形，已置國際聯盟會章及非戰公約於不顧。世界和平日益黑暗，人民生命，等於草芥，實已躋於極嚴重之地位。本校神道院全體爲此，謹以極誠懇的祈禱，願增益總統智力，以應付玆事。我等深信如美國本非戰公約及耶教精義，以肯定的態度，作政治的及經濟的步趨，必能消滅遠東戰事之大焰。我等今以耶教徒公民資格，請求總統不計物質上之損失，或政治上之地位如何，出而爲有力之斡旋，以維持和平云云。

(四)麻省哈佛大學全體員生(Havard University Cambridge, Mass.)亦同時向胡佛總統請願云：關於日本侵犯上海一事，余儕相信美國應禁止日本在美購用軍火及一切軍用製造之原料品。如日本再蔑視非戰公約，在中國繼續壓廹，美國應即更進一步，宣佈與日本經濟絕交，以促進日本覺悟云云。該大學又於二月八日聯合赤岩大學(Redcliff College)遞第二次請願書，請求美國卽與日本經濟絕交。

按哈佛大學及普魯士大學，皆爲美國著名之學府；美國人士對於大學教授，甚爲尊重。且學者置身於政治範圍之外，無經濟的企圖，本純粹心，說公道話；故其一言一動，最以左右美國人心。據美國農部發表，日本現在美購棉力日增，自去年八月起至今年一月十五日止，日本總共購得美棉一百零九萬七千包，去年下半年美棉輸入我國者不過六十七萬二千包。查棉花一項，爲製造軍火必需品之一，日本現正努力於世界大戰之準備，故其需求美棉甚鉅。又查日絲在美市場銷流至廣，望我國商人注意美國出口貿易，推廣國貨。若美國果眞對日經濟絕交，則我國商人自當利用時機以推廣國貨也。

溯自去年東省問題發生以來，美國輿論，以日本破壞非戰公約，更深慮門戶開放主義之被其打倒，已一致加以攻擊。今因上海事變，更爲震驚，憤憤不平之心，更普遍於全美民衆。如我國上下一致，堅持到底，統一戰線，敢信強權終必屈伏於公理之下也。

美人抵制日貨之連索函

美國抵制日貨運動，現猶積極進行。觀於上海外僑所接美國友人寄來之連索函，可見一斑。該函略謂：「日本以殘忍手段侵略無保護無自衛力之中國，有識者無不竭力反對。日本否認一切條約義務，及其軍事機關所施之脅迫；匪特中國受其害，且將波及全世界。日本無論如何，不能喪失其對美貿易，日本之有賴於與各國通商，較任何大國爲甚，而美國尤爲其經濟幸福之所繫。故集衆抵制，實爲制日最有力之武器。並列抵制七項如下：（一）勿買日本所產之物品。（二）勿照顧日本之商行與航業公司等。（三）勿僱用日工。（四）勿照顧個人或商行之販賣日貨者，或銷貨於日本者。（五）廣傳抵制之理由。（六）勸友人合作。（七）勿買日本債劵，日絲，日磁器，日蟹肉，日茶，日本新奇物品。接函者請即繕同式之函五份，分寄友人，自己當誠意實行抵制。」

日本學生被逐於美國聖經院

美人因上海事件，憤日人橫暴，反日感情，亦漸高昂。在綠於磯埠附近之泡摹納中學校之學生一部分，已決議不買日貨。有一日人學生，被逐於聖經堂。又有美人所雇日人數名，已被解雇。

又著名社會服務者及一九三一年諾貝爾和平獎金之獲得者燕尼阿丹司女士宣稱：贊成對日經濟絕交。女士於女界和平運動絕有勢力，其態度已引起大多數人注意。預期美國女界將羣起響應。又泊林司登大學之愷樂滿博士及教授多名，均已聲明加入對日經濟絕交運動，僑美日人對此項運動，無不大起恐慌也。

袒日之英亦從茲反日

英國工黨及工會領袖，在滬戰中曾發表宣言，勸各國與日本斷絕經濟與外交關係，以促日政府停止上海軍事行動。此文係工會聯合會各執行委員與工黨及國會工黨之全國行執委員會各委員聯合署名。并聲明係代表英勞工全體意見。內容建議國聯各會員國與非戰公約各簽字國，悉行撤退駐日大使，以逼日本停戰。倘此種警告，猶不能發生效力，即請英政府在國聯大會提出對日經濟與財政絕交。文內聲稱：中日兩國已入戰爭狀態，明白無疑，而此事應由日本負其責任，亦同樣顯明云云。

破天荒之人牆

英國著名女宣教師洛賴女士，曾邀德國愛因斯坦教授與法國著名著作家兼和平唱導者路蘭氏兩人加入渠所發起之和平軍，前往上海，居於中日兩軍陣線中間，設兵牆，阻止戰事。國聯方面，對於洛賴女士之和平十字軍，雖似不甚熱心贊助，而女士所接全歐各地人士函電，自請加入者，紛至沓來。且有英國退伍軍人數千人，皆曾卓著戰功，今亦在請求加入和平軍之列。此舉可惜不成事實，否則可藉此一覘和平之神與戰神比較起來，究誰更有力量也。

德意志婦女熱情可感

德國各婦女團體代表團，曾於三月七日至日大使署對日本在上海殘害無自衞力之民衆提出抗議，謂有婦孺數千人死於日軍之戰具。

而德國僑滬之斯單堡爵旋女士及德國婦女慈善會諸女士等，嘗以中國受傷兵民，厥狀至慘，乃至中國紅十字會，請願加入救護工作。當在紅會領出紗布棉花，分做綳帶及棉花毯等十餘箱送去矣。

俄僑自白之一信

滬戰以來，頻傳俄僑助日敵華之事實。上海俄僑公共聯合會會長乃致納稅華人會主席。函云：「敬啓者：貴主席領袖羣倫，主持華人首要團體，欽佩無旣。吾俄僑在危極困苦之中，貴大國家胞與爲懷，允其生息，如天之德，同深感戴；鄙人謹代表上海公共聯合會，致無上之謝忱。自戰事開始以來，敝國僑民，目睹中華人士所受之苦況，憤慨同深。吾人備知，吾俄僑之前途與中國休戚相關，中國之不幸，卽吾俄僑之不幸。吾人念中國拯危之恩，則圖報之心甚亟，而在當前患難之中，尤感效力之要。敝聯合會早知在此軍政緊急期中，客滬俄僑，必遇誹語之傷。彼仇我者，務使中俄人士友好之關係，斬絕而後快。因於正月廿九日，敝聯合會常務委員議決，通告全滬俄僑，使其知對於中國國家應負之責任並促其努力保守地方之安甯，襄助中西當局，維持華租兩界之治安。凡參與危中國國家之行動，在所必禁。同時訓令各俄僑團體，辦理失業登記，勿使以勞力資助敵對中國之人。此項通告經於俄英法各大報刊登在案。嗣後敝聯合會聞有俄人爲重金所歆動，爲日人僱充車夫，並起卸日輪貨物。當卽進行檢查，始知在敝聯合會註册之俄僑團體，從無以勞力資助方與中國作戰國家之事。嗣後查明所僱之人，係由某國商行，直接招募，其數連車夫不及十八。車夫係僱開私人汽車，充為白俄醫院轉運死傷之用。其餘則在日商碼頭起卸船儎，亦有華工在內，嗣後傳聞俄工在楊樹浦為日人填築飛機場，復經查明，當時有失業俄工六十人，由某私家僱傭所僱往裝儎將離滬之輪船，及後始知裝載輪船，係屬謠語。全部僱工，由貨車載往楊樹浦路，填築空地，與華工共同工作。在上述兩事，應募者皆為下流俄工，失業多月，處境極窘。二月二十六日，國民通信社載有青島來電，言：日輪長春丸自大連來青載白俄三百七十五人，全身武裝，皆久戰之士，為日關東當局所招致，現借充上海戰前線攻擊華軍。此電刊登大陸報及其他各華文報。大陸報並加按語，謂：有五百白俄昨自長春丸抵滬，卽撥往日軍前線充轉運軍需，開掘戰壕，及其他勞工。此類白俄，係哈爾濱長春大連各地日人所僱用云云。此報告經調查之後，始知所謂二月十七日到滬之白俄，並非俄人，而為德籍殖民。一年以前，自蘇俄逃往滿洲者，現由國際聯盟南華委員會主持，經法馬賽白都運往南美吧拉瓜，人數計三百七十三人，內三歲以下之小孩三十一口，三歲至十二歲八十七口，其餘皆老弱男女，不合軍事之用。當日卽乘法輪離滬。南華委員會代表古安璐君並在俄文報及大陸報刊登通告，以免誤會。上海現有數團體，專行散布謠言，使俄僑與華人友好之關係，因而斷絕。此類反對俄僑與反對貴國政府之宣傳，同出一源。吾俄僑孤忠可鑒，奉公守法，對於破壞的之政治活動，尤所深惡。推彼造謠者之意，無非欲使俄僑失却華人士之同情，而使貴國政府失一部忠實人民之襄助，以剷除赤化勢力而已。鄙人謹以上述事實上呈台察，敝聯合會授權鄙人向貴會表無上之敬意，並表示與貴會通力合作，以促進貴偉大國家民族福利之微意，唯祈察鑒爲荷。按此信署名者爲克鄧禮君，克君曾著書兩册，專論上海租界市政歷史，博洽詳贍，出版界推爲鉅作。

印人稱日人爲"Japs"

印度國內目下雖屬多事之秋，而一般普通人對於上海事件頗爲注意。印人於此次中日爭執，顯表同情於中國。其報紙論調顯然反對日本，而以全腔熱誠同情中國。標題中，概稱日人爲「Japs」斥爲侵略者。反之，中國在保衛國土上，苟有英雄行爲，印報輒鋪張揚厲，加意描寫。對於國際聯盟，則其未能防免遠東衝突，曾大加譏笑。如「國聯雍容計議，而上海則正水深火熱之中」等標題，屢見不鮮也。

中日滬戰之發端

此番中日兩軍在上海爭戰，其起因由於日本包藏禍心，蓄意侵略，固無待言。在彼則推諉爲保僑，爲自衞，此類謊言，世人亦决不置信。故此番戰端，確屬釁由彼開。日本啓釁之證據，除上海各國領事團之報告書內所明言或暗示者而外，猶有五端，上海時事新報曾論列之：

(一)日本政府命駐滬日領事向上海市長提出四項要求，限一月廿八日下午六時以前答覆，則在市長未答覆之前，或市長已經接受要求之後，宜無危險可言。而其實日本領事早已密令住居閘北之日僑，儘於廿七日一日之間遷入租界，（見是日之日文上海日日新聞紀載，此報完全日人所經營）可見彼之襲擊閘北，乃預定之計畫。

(二)一月廿八日上午十時，日本在滬之在鄉軍人，大舉集會，與會者一千三百人，集會時選出二百五十人，分任爲翻譯員嚮導員運輸員及後方勤務等。此爲事前積極備戰之一部分，亦卽戰時殺人放火之便衣隊之中堅。

（三）在滬之日本海軍陸戰隊，於一月二十七日設臨時兵營三處，爲其發號司令之機關。第一處設於北四川路上海大戲院隔壁之日人商店內。第二處設於北四川路桃山跳舞場內。第三處設於北四川路日本小學內。當時安排之機關槍與大砲，已取攻擊之姿勢。

（四）一月廿八日下午，上海市長已完全接受日本之要求，委屈求全，宜可以和平過去矣。而日本海陸軍戰隊又節外生枝，謂必須懲戒中國軍隊；其時中國軍隊絕未侵入租界一步，又未損害日僑毫髮，亦無備戰行爲，詎得有所謂懲戒？徒以彼海軍羨彼陸軍之在東省立功，乃必欲有爲於上海，於是於狂謬之懲戒說之下，侵襲租界外中國軍隊之防地，以致於戰。

（五）上海戰爭既作，世界輿論紛責日本之無端啓釁，於是日本軍事當局向彼外務省質問：何以駐滬日領事對於上海市長之答覆，遽稱滿意？以致日軍之侵襲閘北，失却理由，爲世界所詬病？外務省不得已，電責村井領事。是知日本軍閥亦自承釁由彼開矣。

中日兩方兵力之比較及其作戰經過

自一月廿八夜，日軍向我閘北開釁以來，其海軍司令鹽澤所率之陸戰隊六千人，立即被我軍擊破。旋野村中將，帶來之陸軍一混成旅，約萬餘人，特別陸戰隊三千餘人，不旋踵亦被我軍擊破。終乃派植田中將，統率陸軍第九師團，約二萬餘人，前來增援；並運來大批坦克車五十輛，野戰砲兵一旅，飛機一百三十餘架，戰船四十餘艘。於二月念號，向我軍下總攻擊，在江灣廟行鎮一帶陣地，作猛烈的攻擊凡五次。我軍與之血戰數日，日夜不息，結果植田所帶來之第九師團，亦潰不成軍；而我方由閘北至吳淞之陣地，依然鞏固，絕不因日軍之猛烈攻擊，而稍有搖動。最近日方雖派白川大將，帶領第十一第十四兩師團約三萬餘人，加入前線，向我八字橋廟行鎮等陣線，急劇進攻，惟連日仍被我軍擊退，不能前進我軍陣線一步。

我軍自一月念八日在閘北與敵抗戰以來，第一天在前線者，祇數百人。其後我十九路軍共三師，先後調到，繼後有第八十八師，八十七師兩師及稅警團參加。自一月念八日起，一直與敵人激戰至三月，我方軍隊，僅有五師而已。而戰線則由閘北拖長至吳淞，約二十里，且要兼顧南市及瀏河方面，軍隊不敷分配，可想而知。我前線之士兵，有與敵激戰數日夜而不得休息者；而敵軍則援軍源源而來，最初鹽澤指揮陸戰隊六千餘人，商人義勇隊三千餘人。第二次野村帶來陸軍萬餘人，特別陸戰隊三千餘人。第三次植田帶來軍第九師團約二萬餘人。第四次白川大將帶來第十一第十四兩個師團，約有三萬餘人。每次均附有大砲，坦克車，飛機，戰艦，野戰炮等無算。統計目下敵方戰鬥力，陸軍及陸戰隊，商人義勇隊，不下八萬；雖迭次被我殲滅者不少，然尚源源而來，且尚有戰艦數十艘，飛機百三十餘架，坦克車五十架，大炮數百門。與我軍比較，不但器械優劣大相差異，即我軍人數，亦不及敵人之半，敵之添援無窮，而我軍人數有限。

因爲雙方軍隊人數之懸殊，故敵得乘虛以萬餘人向我瀏河方面襲擊。我軍人數，既比敵少，支配前方，當虞不敷；對瀏河方面，自不容易兼顧。故此方曾被敵人乘虛攻入，惟瀏河地位處我軍左後方，我前方軍隊，如不先事撤回，恐有前後受敵之虞。且敵人既深入，戰線已延長，我如縮短防線，與之作戰，則必操勝利，此爲我軍撤退之一理由。我軍退卻時，極有秩序，軍實方面，絕無損失，軍心極爲鎮定，精神仍極振作。又我軍退後，敵人猶以我軍另有計劃，對於我軍防地，仍遲遲不敢輕進也。

就是這們地折衝樽俎

中日停戰會議，在黃浦灘頭英領事署舉行。開會十四次後，忽告停頓。中間幾瀕破裂者屢，卒以日方不肯決定撤兵日期而擱淺。外間多以爲雙方代表折衝樽俎間，必彼此劍拔弩張，或波詭雲譎，以脣槍舌劍相應和；空氣則異常緊張，使人疑惑恐怖。據與會者云：雙方常因堅持一事，啓齒卽將衝突，遂致相對默然良久，賴英使藍博森詼諧數語，以博衆笑，又覆重開談判。議案上，置金旗牌香煙數罐，而不設茶，中日人士，多喜啜茗，至此喝則但吸紙烟，於是神經益見興奮矣。有時遇會議中輟，戴戟司令與日本野田參謀長筆談，互詢家世，如云夫人現在東京，君念故鄉否之類。重光公使則好速寫面貌，有時數筆成郭次長像，持以示郭，郭乃微笑。植田至談鋒寂靜中，則自捋其髭而笑。種種個性狀態，惜無妙筆一一爲之寫生也。每逢閉會，縱是日爭論激昂，亦必互相握手道寒喧而退。新聞記者羣聚室外梯畔，乃竟不知室內作何勾當也。

雙方僧人大開殺戒

一月二十日有日本浪人五十餘，均爲青年保護團團員，藉口前日有日僧五人在馬玉山路被華人所毆，於是手提匕首及棍棒前往三友實業社製造廠縱火焚燒廠舍。公共租界工部局警察干涉無效，并傷華警三人，其中一人已因傷致死。嗣被毆之五日僧其一因傷殞命。事聞于東京本願寺住持，當聲言卽將來滬爲已死日僧復仇。論理，日僧當非無緣無故而被毆，且青年保衛團亦旣爲之報仇，在日僧人，宜可以甯人息事矣。今猶復尋仇挑釁，是不息大開殺戒也。尙何慈悲之足云？而吾國緇流，亦不落人後，事發兼旬，知已無可收拾，乃發出通電，願率僧人隨國軍之後，誓死抗日。茲探錄原電於後，總之，雙方僧人，俱已大開殺戒矣。銜略，竊查倭奴今次來犯上海，竟謂三時內必取吳淞閘北，其語之豪，不可一世。幸賴我十九路軍勇猛抵抗，戰經兩旬，敵軍慘敗。日方計旣不得逞，乃虛張聲勢，佯言大調援軍，實則急於謀和。其提出以我軍退出閘北吳淞爲先決條件，無賴之極，可見一般。似此無理要求，不容稍爲考慮。衲等本以慈悲爲懷，無如倭寇頑固成性，縱火殺人，無所不施其極，甚有過者，將三元宮聖地變爲屠殺之場主持鑒於中國存亡，在此一舉，只得重返紅塵，拿起屠刀，率領五千弟子，聽候指揮，誓與倭奴作殊死戰。並懲我十九路軍棄守爲攻，直搗賊窠，以寒賊胆，而救危亡。臨電不勝廹切待命之至，閘北大覺寺主持慧明率領五千八百六十五弟子叩首巧印。

按該被毆日僧，一行數人，自去歲來滬，駐錫屈家橋某廟。戴高簷帽，着白寬衫，手捧法器，週行市街，且行且敲，且敲且念，厥聲蓬蓬，與喃喃經語相應和，日以爲常，迄夜乃已，路人以其類遊方僧，而迥異華俗引爲詫異。聞海上聞人聞蘭亭與其中一僧稔，謂該僧崇蓮花宗，口中所念乃祈禱和平之詞云。阿彌陀佛，者番彌天大禍由伲肇端，想伲必曰：衆生孽重，刼數難逃，然使無伲等祈禱和平，則衆生禍刼，或不止此耳。尙何言哉！

淞滬與東北所受日寇侵害損失之比較

淞滬——十四萬萬元　東北——十七萬萬元

上海自被日軍侵犯以來，損失浩大，準確統計，最爲需要。茲採誌上海市區內滬變損失初步估計於下：（中央統計處編）（說明）此次日軍侵佔淞滬附近之面積，達二一四一方里，將兩倍於上海市。惟嘉定寶山太倉等縣屬之區域，因交通阻隔，無法報告，且無舊案可積，估計亦所不能，故調查頗需時日。茲先就上海市政府管轄區域內，（包括閘北吳淞江灣眞茹引翔殷行彭浦及南區特區等）所受損失，作爲初步估計；餘俟調査齊全時，再作更詳確之統計。至本項估計之材料，悉係根據各機關之報告，以及各方面主管長官依照原有紀錄，加以相當之估計。（一）全市損失，可以數字形容者達一五六〇〇四九八七一元（二）全市被侵佔之面積，約四七四方里。受直接損害之人民達一八〇八一六戶。八一四〇八四人，佔全市人口之半數；（四五%）其中死亡者六〇八〇人，受傷者二〇〇〇人，失蹤者一〇四〇〇人。（三）財產，被侵佔區內住戶財產價值八〇〇〇〇〇〇〇〇元，損失十分之七，房屋價值二四〇〇〇〇〇〇〇元，損失十分之八・五。全市財產，受直接與間接損失之價值，達七八八一七三四九二元：計住戶財產，五八四一〇四〇五四元房屋二〇四〇六九四三八元。（四）學校被侵佔區內停頓之學校，計大學及專門一〇・中學三一，小學一九二。失學之學生三九七三五八人，佔全市學生四分之一：計大學及專門六二八六人，中學六二八二八人，小學二七一六七八人，輟業之敎職員三一〇七八人，佔全市教職員三分之一：計大學及專門一一六六八人，中學七五一八人，小學一一九〇八人。被焚炸或駐軍之學校，計大學及專門一〇，中學一七，小學四九。被焚炸之資產達一三六八二三九〇元，佔全市學校資產三分之一：計大學及專門，一二二九四七三六元，中學九五七二一一元，小學四三一四五三元。本市教育機關團體因滬變而全部停頓所受損失，尚未計入(五)工業被侵佔區內，有工廠五九七家，佔全市工廠四分之一。其中受損失若過半數，計六七九九一八七四元。全市工廠受直接與間接損失之價值，達九七一五一二八七元。此數僅就已有報告者計算，全數必不止此。全市工人因事變而失業者達十分之八，僅紗棉廠失業之工人，已達二五〇〇〇〇人。其因失業而損失之工資，每月三七五〇〇〇〇元。如半年後復工則損失二二五〇〇〇〇〇元。(六)商業，被侵佔區內，有商店一二九一五家，受損失者達十分之七。全市商店受直接與間接損失之價值爲五九八一三六〇七四元(七)金融，全市銀行與錢莊之營業，因事變而減少十分之八五。(八)交通，被侵佔區內鐵路損失之價值，達一六八九三三一七元，計佔全路資產十分之四：計路軌與建築損失一九三五五〇〇元。機車與車輛損失九八八九〇三〇元。器具與設備損失，一〇九七四九一三元。材料損失一七九一四一八元。營業損失一二〇二四五六元。被侵區內道路損失達一二〇〇〇〇〇元。橋梁損失二〇〇〇〇〇元。

全市輪船堆棧與轉運公司之營業損失，達一〇〇〇〇〇〇〇元。（九）公用事業，被侵佔區內公用事業之損失，達一〇七四二〇二五元；計水電損失一〇二三〇〇〇元。電氣損失一五〇〇〇〇元。電話損失二五三八〇〇元。長途汽車損失一二六二二五元，被侵佔區域以外公用事業之營業損失，達六一〇〇〇〇元；計電氣損失四三〇〇〇〇元。自來水損失一八〇〇〇〇元（十）治安設備，侵佔區內公安設備因事變而損失者達五四〇〇〇〇元。（十一）財政，市府收入因事變而減少十分之四強，實減二二一二八六元；計田賦減少二一%。契稅減少二四%。房損減少八一%。車捐減少五三%。至東北之損失，據某軍事家談；某某四要人所失金塊不下十噸。遼兵工廠創辦迄今十載，所費約二十億萬元；彈藥存儲量爲全國冠。此次計損失飛機二百六十餘架，坦克車六十餘輛，迫擊砲二千餘門，十五生的溜彈重砲二百餘門，十五生的加農砲二百餘門，輕重機槍四千餘挺，載重軍用汽車五百餘輛，步騎槍可供甲種師十師人用，公用汽車二千八百餘輛，機車貨車四五千輛，高射砲六十餘門，已成彈藥二十四萬八可用三年，探照燈一營八個，野山砲一千餘門，公私損失約合一七〇〇〇〇〇〇〇元云。

滬戰與罪案

△一月份罪案減少實受中日戰事影響

自一月二十八日中日開戰以後，一月份內，公共租界區內犯罪案件，頓形減少。據工部局報告；在此一個月內，犯罪案共一千四百三十八件，比較上月（去年十二月）減少二百二十八件。中間以竊案為最多，鴉片案次之，總計一月中竊案八百零四件，比十二月減少一百五十六件。鴉片案一百零四件，賭案七十四件，盜案七十二件，謀殺案二件，謀殺未遂案五件。其他案件約八十二件。在此許多罪案中間，持械搶刼之案件，多為匪黨所幹。曾破獲五個匪黨，中有三個匪黨為竊犯。該項報告上，並謂；虹口地帶之警權，已為日本海軍及後備軍中便衣隊所奪，任意逮捕平民，搜查民居，時有發生。而路上行走之華人，亦往往受其槍擊，工部局巡捕之被日本後備軍所挾持而解除武裝者，更時有所聞。此外共黨之宣傳與活動，在報告中亦有說明，有三華人以犯共產嫌疑被拘，但此案至月底尚未結果也。

▲附載

上海國際調查團報告書

上海調查團，係中英，法，德，西班牙，挪威各國總領事組織而成，以意大利代辦齊亞諾爲主席，國聯會運輸暨交通股主任哈斯爲祕書長。至美國總領事克銀漢，曾參加調查團最後一次會議，並閱悉調查團第一次報告書。此項報告書，係二月六日用電報遞送國聯會。第二次報告，於二月十二日送日內瓦。

第一次報告

本團受國聯會祕書長之委任，對於上海及其附近所發生之事變，提出報告書。茲以自行搜集之消息爲根據，作成第一次報告書。其中所言各節，勢須加以引伸，或就細目加以修正，卽此後所生事變，亦須另行報告。美國總領事克銀漢對於本團工作，曾加以襄助。

本團任務，係將上海及其附近所生事變之原因事實及進展情形，提出報告書。

抵制日本貨物之事，始於一千九百三十一年七月，係由朝鮮事件而起。厥後滿洲被佔，而抵制日貨之事因之加甚，並嚴切執行，日本商務因而感受極大損害。抵貨運動，係由抗日抵貨會予以鼓厲，而中國各種商業團體參加，其組織分爲糾察商店，扣留日貨，罰款，拘禁（此層對於購用或販賣日物之華人而設）及其他非法行爲，受之者雖欲求直於法院而不可得，此日本人敵視華人之苦腦思想所由生。厥後中國學生舉行示威，並要求向日宣戰，致使中國人心對於日本愈益不滿，而若干暴烈行爲，卽在此極度緊張之情狀下，而時有發生。此外中國人對於日本天皇，亦有失敬之處，日本人大爲憤怒，乃愈益要求該國政府採取直接行動，俾彼等所處不堪容忍之地位，得以平息。

一月十八日

有日本人五名，中有僧人在內，在三友實業社製造廠經過，爲中國人所狙擊。中國人中有數人，大約係最近組織之抗日義勇隊隊員。中國警察到時甚晚，行凶者未及逮捕。被狙擊之日本人有兩名受重傷，僧人一名旋卽因傷殞命。

一月二十日

有日本人約五十名，均爲「青年保護團」團員，手持匕首及棍棒，前往三友實業社製造廠縱火燒廠舍。伊等臨去時，曾與公共租界工部局警察發生衝突，中國警察三人受傷，其中一人因傷致死。日本人三名爲中國警察之槍彈所傷，其中一人旋卽殞命。同日日人本在日本俱樂部開居留民大會，對於日本僧人被狙擊，以及報紙對日皇失敬事提出抗議，當卽通過決議案，要求日本政府派遣軍艦及軍隊，以便完全消滅抗日運動。日本人示威者半數往見日本總領事，隨至日本海軍司令部呈遞前項決議案，日本總領事請示威者將此事交由渠辦理。此時示威者羣赴日海軍司令部，中途與租界警察發生衝突，巡長受傷一人，日本官吏曾向租界當局道歉。有日本人七名自行向日本當局投到，經押送長崎審訊，以便按照日本法律懲治。同日下午日本總領事因一月十九日事件，向上海市政府祕書長提出下列各項要求；

（一）市長正式道歉。

（二）立卽逮捕兇犯。

（三）損害賠償及醫藥費。

（四）抗日運動應以適當手段取締之。

（五）所有鼓厲敵視日本，鼓厲暴動，及鼓厲排日各項團體，應予解散。

一月廿一日

上午，上海市長答復日本總領事，謂前三項要求，準備加以考慮，至其他各項因有困難，未能予以滿意。日本海軍司令官旋卽以公佈一件交報館發表，謂上海市長 於日本人若非予以滿意答覆，並將要求各項立卽實行，則海軍司令官決採相當手段，以保護日本帝國之權利利益，此項送公共租界當局及上海市公安局。

一月廿四日

日本海軍援兵，開抵吳淞口外，同時風傳閘北中國軍隊亦已增援。是日日本總領事通知上海市長，謂渠若不於相當時期之內接答復，或答復不能滿意，則日本政府保留依照情形採取必要行動之權。爾時上海市長業向中立各國代表聲明，準備作最大讓步，藉以避免衝突。並努力勸告當地各界領袖，俾其取消抗日抵貨會，又以「抵日」二字被日人認爲侮辱日本國家，卽對於其他團體名稱，有用「抗日」字樣者，亦擬予以删去。結果抗日抵貨會被封，其辦事處皆於一月二十七至二十八日夜間由中國警察一一封鎖。

一月廿五日

日本總領知會上海市長，謂彼雖不限定時間，但欲於二十八日接獲答覆案之概要。

一月廿七日

日本總領事通知上海市長，謂次日下午六時，彼之要求當得一滿意之答覆，否則日本人將採取其所認為必要之手段，以實現其要求。

一月廿八日

上午七點半，日本海軍司令部照會他國防守司令，謂中國方面如無滿意答復，伊欲於次晨有所舉動。工部局隨於上午開會議，決定從下午四時起，宣佈租界入於緊急狀態。此舉係工部局所自為，不曾知照各國將領，欲使預備各自防守其地段。同日下午何早之時，上海市長答復日總領事，完全承認其要求。下午四時，日總領事告領事團，謂已接到復文，並稱該復文完全滿意。又稱，須看上海市長能否實行其所承認之事，但又謂所要求之事，大都已實行，暫時不再取何舉動。乃外交局面雖有此變動，衆人之心，則以為日本海軍當局決定無論如何，欲有所舉動。日本報界聯合會所發煽動人心之新聞，謂中國無意實行其約言，並謂中國人士、預備攻擊日本人，又逆料中國方面因反對市長之承認要求，或起叛亂。爲以上種種之故，在各國防軍委員會之心目中，以爲緊急布告，宜實行爲善。因此於下午四時實行戒嚴。有當指出者，公共租界之防軍委員會，乃各國防守將領所組成，外加工部局之總董，巡捕房之總巡，商團之司令，以防守司令中最尊者爲主席，此人於各國防軍各防地段，應如何詳細辦理，並無以爲有指示之權，僅分派地段，聯絡辦理佈置防守之大計而已。英美兩軍於宣布戒嚴之後，即各開往所駐地點。意大利軍隊於二十九日開到防地。日軍之段，爲租界東北全境，西以北河南路爲界，從防守委員會之眼光觀之，亦包括租界以外一段地方，西以北江西路及吳淞鐵路爲界，其東則連成一綫，大部分爲虹口公園之東北角，連至哈爾濱巡捕房。日人住在虹口公園一帶者不少，該園與北四川路狄思威路雖在租界之外，却是租界之產業，平時由工部局派捕巡守。中國當局於夜間十一點發生事件以前，似乎於界外日軍一段之事，未接關照。初行戒嚴之時，日軍亦未駐防至界外之一段，然須知日本水兵往時常在工部局路上以上地段駐兵防守，以保護其僑民，而其海軍司令部，亦設於該段之盡端。是晚十一時，日本海軍司令發布兩道，並將副本送至上海市長，市長謂於十一點二十五分方接得之布告之，一，提及戒嚴，並謂日本海軍對於閘北情形，極覺憂慮，該處日僑衆多，已決定派兵到該段，以行其法律與秩序。因此望中國當局從速將駐在閘北之兵，退往鐵路以西，撤除該地之布防。其別一布告，謂派與日兵保護租界秩序之一段，凡須實行戒嚴上之事務者，將皆履行之等語。日本水兵以及武裝平民，先已在海軍陸隊戰司令部召集者，沿北四川路而進，西趨靶子路，直到路河南路，沿途在弄口分派隊伍。至中夜，信號一發，所派隊伍，卽向西北趨進。鐵路方面，最後一隊，約有水兵一百，開一裝甲汽車，欲在北河南路交界處，爲上海商團所阻，因門在該團所守之處，此門可通鐵道。中國軍隊初未從日海軍司令退兵之要求，且卽令決定自退，亦不能於其短期內撤退，以前數日所釀成之時局，亦須顧及，蓋將使中國當局，同日本海軍當局所行之辦法，爲其較大之軍事舉動一部份。日本水兵，嗣遇中國正式軍隊之抵抗。日本軍隊開至鐵路線南之寶山路，但未能更至該處之南，其路線在鐵路之東，迤北河南路址四川路之邊界，日軍爲中國裝貨火車所創，該火車乃以車站出發，巡行於吳淞鐵路上，後避於東棧內

，該路為中國軍隊防守堅固。因此日軍於

一月二十九日

在車站放炸彈，用飛機毀壞火車路，寶山路其他房屋，亦被放火，用發火之炸彈燒之，大概信為故意為之，以滅去窺得日軍陣線之要地，死傷雖不可知，但生命損失當頗不少。上海市長因日軍之舉動，向領事團提抗議。日本則謂此次舉動，與所提要求之事無關，要求先已承認，所以如此，乃為保護所欲佔據之地之一段內之日人。日本當局又稱，所取舉動，即遇中國武力抵抗。且為日本當局自負完全責任者，乃在其所派界限之內，如屬必要之時，為租界防務計劃之所許行。二十九日下午，因上海市長之請，英美兩總領事設法致成暫和局面，以夜間九時為始，此暫和之策，僅彼此同意，勿再發放槍砲而已。

一月三十日

日總領事，日本海軍司令官，上海市長，中國當地司令官，在英美兩總領事房間，會晤一次，商定應由日總領事向其本國政府提出辦法，使日軍退出該處陣線，倘日府答復不應，則中國方面亦當呈報中國政府。在未接最後答復之前，雙方商允非對方先開火，則不

得自行開火云

第二次報告

一月二十九日午後八時許，卽休戰業已開始之後，槍砲之聲，爲之靜寂。翌日日本海軍司令乃英美兩國總領事提出抗議，謂停在北站之鐵甲車，重行開火，此層經華人否認，並謂日人有射擊情事。

一月三十一日

晨間，日本飛機十七架在上海並在華軍防地飛行，但未轟擊。日本海軍當局謂因華人近頃破壞休戰條件，及此項示威行動出之，但破壞休戰條件一層，經華人鄭重否認，是日各方會商設立中立區域，並決定繼續休戰，以待雙方答復，此種談判本團業已於第一次報告書末段提及之。

二月一日

休戰之戰，始已實行，但若干槍聲，時作時輟。

二月二日

日軍司令又謂：華人昨日重行破壞休戰條件，並謂華人顯然集合軍隊。預備包圍日軍。渠當派遣飛機前往偵查。是日正午十二點鐘左右，有日本飛機數架，飛翔上海及中國軍防地，中國人對之射擊，日本飛機在閘北擲彈數枚，頃刻之間，雙方戰線上槍聲大作，至下午三時卽戰事重開。以後日本總領事通報各國領事，謂前此提議之中立區域，日本政府，已經拒絕。同日上海市長照會各國領事，提及一月三十一日開會時所訂之休戰協定，謂日本人屢次破壞此項協定，並攻擊中國軍隊，又復以飛機轟擊，其情形卽如上節所述。此項照會，各國領事係於二月三日收到。

二月三日

日本海軍當局宣稱：中國當局對於履行諾言，繼續表示誠意，故中國軍隊，應令其退出閘北以外至相當距離地點，日本方面因欲執行此項計劃，其飛機或有轟炸中國陣線之事。厥後日本總領事通知各國領事，謂有驅逐艦三艘，因受吳淞砲台之砲擊，故日本人決定佔領該砲台。但吳淞砲台發砲之事，又爲中國方面所否認。自二月三日以後，戰爭狀態，公然存在。即與休戰相似之情況，亦完全消滅。閘北及吳淞方面繼續開砲，時作時輟。而日本方面，又以飛機轟炸，日本人自認其目的奪取吳淞砲台，並驅逐中國軍隊，於距離上海甚遠之處，故採攻勢，完全係日本人所爲。關於破壞休戰條件一層，所應注意者，即實際上完全休戰態度，迄未成立，而火線上並無外國觀察員在場，究竟破壞之責，應由何方負担，實無法加以判斷。或者雙方孤立隊伍，或滋事份子，均應負責，亦未可知。除戰線上正式軍隊重行開火之問題以外，在此時期以內，公共租界日本所管地段，曾發生若干事件，有關公共租界之制度，而在國際上有重要關係，必須簡單加以敘述。自一月二十八日夜間日本人採取行動之始，即有多着便衣之中國士兵，侵入日本地段，或藏匿民房，或攀登屋頂，而以手槍向街上日本步哨射擊。是時日本人無充分正式軍隊，以防守其所佔地段，乃召集所謂在鄉軍人，畀以槍械，此項軍人亦着便衣，但帶有臂章，日本水兵及在鄉軍人，以機關槍抵抗中國便衣隊，並挨戶搜查，搜查之時發生極大損害，蓋以此輩因欲驅逐便衣隊，不惜縱火焚燒民房故也。是時虹口地段，完全在日本海軍當局管轄之下，該處若干街道，既已設置障礙物，而巡捕武裝亦被解除。公共租界市政職務，併消防事務在內，爲之停頓。虹口各處巡捕房，與總巡捕房之間，交通亦完全斷絕。工部局乃不得不轉學校病院遷出，日本水兵及在鄉軍人暨其他暴虐之徒，多有過分之舉，甚至以簡單手續，執行槍決。日本暴虐之徒，並無正式職務，其行動大約因中國人前此作有反日活動，乃以報復手段出之，結果發生恐怖現像，凡日本人以外之居民，幾皆逃避一空，有極多中國人，查無下落，疑爲日本人所捕殺。

二月五日

公共租界工部局請領事團轉商日本當局，對於此事，加以調查，經日本總領事承認，在混亂之際，日本人感情熱烈，誠有過分舉動，但情形業已大加改善，應允將公共租界以內凡因嫌疑而被日本海軍當局逮捕之人，移至工部局巡捕房，此層業已實行。然失蹤華人，爲數仍甚多。據工部局巡捕房詳細調查，失縱之案尙有三百起之譜，便衣隊之行動，頃已大爲減少，而日本之監察，則仍森嚴。工部局巡捕房及其他市政職務，僅能徐徐恢復。日本當局因日人過分行爲，甚爲感動，已將若干不良份子遣送回國，本團暫時不擬多提報告書，但有覓得新消息，須將上次報告書加以改正或將第一第二次報告書所較特殊之點，加以伸引，或加以補充，則當別論。

第三次報告 （於二月二十日發出）

中日雙方經中立國外交代表居中調停，故允召集軍事長官開會，而以雙方退兵爲基礎，從事討論。此項會議係於二月十八日後舉行，中日雙方司令官各派參謀長代表出席。當由日本代表提出條件，中國代表認爲不能接受，討論亘兩小時之久，毫無結果。日本代表謂日方所提條件，將於下午九時左右，日方將所提條件分別送達上海市長及十九路軍軍長，此項條件，其詞語各有不合，其內容如下：

（一）中國軍隊應停止敵對行動，並於二月二十二日午前七時完全退去第一道防線，並於是日午後五時完全退出第二道防線至北面二十公里地點二十基羅米達突，包括獅子林砲台在內。（即歸公共租界暨蘇州河北端至吳淞鎮又自黃浦江東岸瀾泥渡至張家橋）即自蘇州河向東延長之線所有撤退區域內之砲台及軍事設施均須撤除之，並不得從新設立。

（二）日本軍隊對於中國軍隊不加攻擊，並不追逐，但得遣派飛機從事偵查。中國軍國隊撤退之後，日本軍隊僅保持虹口工部局築有道地之地域，併虹口公園包含在內。

（三）中國軍隊由第一道防線撤退之後，日本軍隊得派調查員攜帶衛兵及旗幟前往撤退區域。

（四）撤退區域以外，凡日僑生命財產，應由中國負責保其安全，遇有必要時，日本當自行採取必要手段，所有便衣隊均應切實撤銷。

（五）上海附近撤退區域內，外人保護問題，將來再議。

（六）關於抗日運動，一月十八日上海市長所應允各節，應嚴切實行，此事當由日本外務省與上海中國行政官以交互談判處理之。以上各款，若不接受，則日本軍隊不得不自由行動。次日（即一月十九日）中國方面復文，方由上海市長送達，上海市長於其復文中聲明上海嚴重時局全由日軍違反一切條約及國際法侵略中國領土並慘殺中國人民所致。日本總領事要求各節直接與中日外交有關係，應由兩國外交當局處置，業將日本總領事之函轉呈中國政府，請其考慮，並經由中國外交部答復日本公使。上海市長文謂：日本軍隊挑撥行為，繼續不已，致使中國人心日益憤激，所為抗日運動，未能停止，乃係自然之理。

中國軍隊司令官之復文謂：所屬軍隊係國家軍隊之一部，係受國民政府之指揮，因此日本軍隊司令官來函業已轉呈國民政府，至於中國政府如何答復，現尚不知。（並不知曾否答復）二月十九日至二十日之夜，日本軍隊卽自公共租界根據地向前線增加援兵，並遣派飛機預行偵察，知中國軍隊未按照日本要求退出防線，當於二月二十日午前七時在江灣吳淞兩處開始攻擊，竟日不停。

第四次報告（於三月四日發出）

自二月二十日開始之中日敵對行動直至三月一日，未嘗間斷，由閘北至吳淞全部戰線上，戰鬥甚爲嚴重，許多房屋，均被焚毀。

二月二十三日，日本飛機炸毀虹橋飛機場，二十六日，又炸毀杭州飛機場，

二月廿九，日本總領事照會上海市長，謂：中國如繼續調集援軍，則日本飛機自二月二日起，勢必將嘉興至上海及蘇州至上海之兩條鐵路，及兩路上之軍用列車，予以炸毀。以上所開日期，所以使居民便於遷避者。市長答稱：自一月二十八日晚間以來，日軍侵略

中國領土，並殘殺中國人民，繼續不已，違背國際公法及條約而施行殘忍行爲，並違反人道，中國軍隊，僅防禦日本之侵入，所有一切責任，應由日本担負等語。

二月二十八日及二十九兩日，日本第十一師團開到中國領水，其一部份在吳淞，尤其楊在子江邊之瀏河附近登岸，於登岸之前，先向獅子林砲台及其附近發砲轟擊。二十九日及以前數日，有若干隊伍，在公共租界上岸，但日本人堅稱此項軍隊係爲代替第九師團及二十四混成旅之用者。

三月一日，黃浦江中距日本提督旗艦及另一巡洋艦不遠之處，有兩處爆發，日本人謂係中國敷設海底水雷所致。三月二日午前，日本飛機依照其二月二十九之通告，在崑山附近炸毀滬甯路一段。

三月一日下午，閘北大火，損失奇重，不知責任之誰屬。第十一師團在瀏河上陸，使中國左翼受威脅，而同時日軍在江灣方面又大舉攻擊，三月一日下午四時，中國軍事當局遂下令上海域區舉行總退却，南頭龍華一帶之軍隊，亦包括在內。日本軍隊追蹤於中國退却軍隊之後，至三月三日午間，遂將上海以西嘉定至南翔一帶占領，吳淞駐軍，先未撤退，直三月三日晨間仍受日軍之轟攻，旋被占領。

三月三日午後，日軍總師令宣稱：中國軍隊已撤退至二月十八日本要求中所指定之區域以外，中國對於日僑及公共租界之威脅，業已除去，故令日軍暫時停在達到之地點，並停止戰鬥，但以中國無敵對行動為條件。日本海軍司令，亦發同一宣言，至晚間，中國軍隊司令宣稱：業已命令軍隊，如日本不施攻擊，即停止敵對行動。報告稱：應鄭重聲明者；即希圖停戰之一切交涉，截至現在止，均歸失敗，日本現已停止前進，但夜間在距離上海遙遠之區域內，仍有地方的戰鬥。

日本干涉警察及工部局其他行政事務，前於第二電中，業已陳明，此種干涉，在以上所述時期以內，迄未停止，經迭向日本當局提出抗議。

中日停戰撤兵協定全文

第一條　中國及日本當局，既經下令停戰，茲雙方協定自中華民國廿一年五月五日起確定停戰，雙方軍隊盡其力之所及，在上海週圍停止一切及各種敵對行為，關於停戰情形

•遇有疑問發生時，由與會友邦代表查明之。

第二條　中國軍隊在本協定所涉及區域內之常態恢復，未經決定辦法以前，留駐其現在地位，此項地位在本協定附件第一號內列明之。

第三條　日本軍隊應撤退至公共租界暨虹口方面之越界築路，一如中華民國二十一年一月二十八日事變以前之原狀。但鑒於須待容納之日本軍隊人數，有若干部隊可暫時駐紮於上述區域之鄰接地方，此項地方，在本協定附件第二號內列明之。

第四條　為證明雙方之撤退起見，設立共同委員會，列入與會友邦代表為委員，該委員會並協助佈置撤退之日本軍隊與接管之中國警察間移交事宜，以便日本軍隊撤退時中國警察立即接管。該委員會之組織及其辦事程序，在本協定附件第三號內訂明之。

第五條　本協定自簽字之日起發生效力。

本協定用中日英三國文字繕成，如意義上發生疑義時。或中日英三文間發生有不同意義時，應以英文本為準。

中華民國二十一年五月五日訂於上海。

中日停戰協定附件。

附件第一號」本協定第二條所規定之中國軍隊地位如下：查照附連上海區郵政地圖。(比例尺十五萬分之一)由安亭鎮正南蘇州河北岸之一點起，向北沿安亭鎮東最近小浜之兩岸至望仙橋，由此北過小浜至沙頭東四基羅米突之一點，再由此西北上至揚子江邊之滸浦口，並包括滸浦口在內。

關於此項地位遇有疑問發生時，經共同委員會之請求，由該會委員之與友邦代表查明之。

「附件第二號」本協定第三條所規定之地方如下。

此項地方在附黏四地圖各別標誌ＡＢＣＤ並稱爲一二三四各地方。

地方(一)見 圖，雙方訂明：(甲)吳淞鎮不在此地方內，(乙)日方不干涉淞滬鐵路暨該路工廠之運用。

地方(二)見B圖，雙方訂明：萬國體育場東北約一英里許之上海公墓，不在日軍暫用地方之內。

地方(三)見(三)圖，雙方訂明：曹家寨及三友織布廠不在此地方之內。

地方(四)見(四)圖，雙方訂明：暫用地方包括日人公墓及墓東入口之路在內。

關於此項地方，遇有疑問發生時，經共同委員會之請求，由該會委員之與會友邦代表查明之。

日本軍隊向上列地方之撤退，於本協定生效後一星期內開始，並於開始撤退起四星期內撤完。

依照第四條所設之共同委員會，對於撤退時不能移去之殘疾病人，或受傷牲畜，採取必要辦法，以資照料，並辦理其日後之撤退事宜，此項人畜連同必需之醫藥人員，得遺留原地，由中國當局給予保護。

「附件第三號」共同委員會以委員十二人組成之，中日兩政府暨依據國際聯合會大會三月四日決議案。協助談判之與會友邦代表，即英美法義各駐華外交代表各派文武官吏代表各二人為委員，該會委員依照委員會之決定，得隨時任用認為必要數之助理員，所有關於程序事宜，由委員會斟酌辦理，該委員會之決定以過數半行之，主席有投票取決權，主席由委員會內與會友邦代表委員中選舉之。

委員會依照其決定以其認爲最善之方法，監視本協定第一第二第三各條之履行，並對於履行上述各條之規定有任何疏懈時，有促使注意之權。

我軍在淞滬抗日戰爭傷亡統計表

軍別	師別	官佐 傷	官佐 亡	士兵 傷	士兵 亡
第十九路軍	第六十師	九二	二六	二七五	三六八
	第六十一師	一九五	四六	二八〇二	八四六
	第七十八師	一一四	四五	一九六五	一一八
第五路軍	第八十七師	一〇一	二四	一三四〇	四九九
	第八十八師	一四一	五七	一五五	一三四
	獨立旅第二團	三四	一六	一二一四	一九五

合計	附註
六七七	大美晚報七十八師受傷官佐爲二四人。
二一四	
九一五三	大美晚報六十師受傷士兵爲一一五七八獨立旅二團受傷士兵爲三一四人。
二一六〇	大美晚報六一師亡兵爲八四三人，七八師亡兵爲一二八人，八八師亡兵爲一〇三四人。

我方與敵方形勢之懸殊，已具見本書中日兩方兵力之比較及其作戰經過。蓋近代戰爭日趨於機械化，欲以血肉致勝，恆爲事勢所不許。淞滬戰爭以來，日方陸續增援不下十餘萬人，配足一切新式戰具——如坦克砲車，飛機，大砲，軍艦等。我方兵力不及其半，又無此種新式戰具，竭蹶自所難免。但我將士深信中華民國民族之自由平等，惟有於抗爭中求得之，戰士之血痕，即民族前進之路標，故忠勇奮發，強敵不畏，犧牲不惜；敵人於以增多崩潰之危險，列強於以認識我民族之不可屈服，此種重大犧牲之代價固有在也。

日軍侵略東北及淞滬傷亡統計表

地別＼傷亡	傷	亡	合計
東北	一一八五	五五三	一七三八
淞滬	一七八九	五四一	二三三〇
合計	二九七四	一〇九四	四〇六八
附註	此數目乃日陸軍省所發表 自去年九月十八日至本年六月六日爲止		

日軍侵略淞滬傷亡官兵數目，決不止此；此數目雖屬日陸軍省所發表，祇就陸軍一部份統計，海軍及海軍陸戰隊固不在內。然我人迴憶淞滬鏖戰以來，上海各報所載各次戰役，日軍死傷數目，殆數十倍於此表所載。計一二八夜，靑雲路南岸禦敵，斃敵百餘名，二四，日軍敗退虬江路，死傷百餘名。同日，日軍衝入寶興路，傷亡三百餘，同日我軍佔領狄思威路，日兵死亡五百餘，二五，日兵五十餘，越過廣東街，全被殲滅，二六，日軍衝八字橋，斃二百餘，二七，日軍千餘再攻八字橋，被逐回，傷亡過半，二八，在吳淞池塘，包圍日軍，日軍死傷千餘，二九，日軍攻張華浜糧米棧，落蒲死二三十人，傷亡五十餘

，二一二，天通庵路虬江路等處日兵傷亡二百餘，二一五，吳淞日艦被我軍機關槍掃射，傷亡二百餘，二一七，吳淞敵艦發砲誤中己方一小劍，斃日兵二十餘，二二十，江灣，方面殲敵在八百以上，同日八字橋敵兵傷亡四百餘，天通，路二百餘，二二一，江灣方面敵七百餘全殲滅，同日川公路斃敵十餘名，天通庵數十名，二二二，廟行鎮斃敵至三千餘人，江灣傷亡千餘，八字橋數十名，周家浜大刀隊砍死日軍二百餘，閘北斃敵百餘，二二四，廟行鎮被圍殘敵千人，終於全數殲滅，二二五，金穆宅敵被圍死二百餘，二二七，蘊藻浜口敵偷渡淹斃百五十餘名，二二九，虬江路死敵約四十名，同日江灣敵喪亡四百餘，同日吳淞敵被圍轟斃約千名左右，三一，敵攻八字橋，死亡在三千以上，同日，廟行鎮斃敵六百餘，竹園墩敵三百餘衝鋒，生還者不及十分之四，三三，劉河日軍登陸，嘉定南翔方面我軍衝出夾擊斃敵三四千人，（一說七八千人）。

上述均上海各日報所紀，而此外無確數之傷亡記載，如「斃敵無算」「敵兵傷亡枕籍」「敵兵死傷纍纍」等語，幾於每次戰役均有之。在戰爭中兩軍死傷數之調查自不免有不實不盡之處，但決不至懸殊乃爾。日陸軍省諱言傷亡過衆，自欺欺人，乃另有其對內作用也。

文華藝術月刊

每期一册每册四角全年十二册預定大洋四元寄發國內加一國外加二元六角如須掛號其費另加

梁雪清
張亦庵
兩先生主編

確為圖畫雜誌中的鉄軍着着猛進比衆不同早已風行中外為中國唯一優美豐富的圖畫雜誌

每期封面仕女完全以三色版精印內容極其豐富在國難期中——

關于時事銅圖——有三色二色單色及影寫等版

關于文字——壯烈處令人熱血沸騰拔劍起舞嫻靜處又能使人意遠神馳如遊仙境凡關心時局及愛好藝術諸君不可不讀

文華美術圖書公司出版

文華美術圖書公司出版

抵抗戰績畫片

每張定價大洋三分　只收大洋三角

每打十二張　（寄費另加）

是十九路軍抗日激戰聲中最精彩最光榮的
彩色畫片……
所印各種照片是本公司特派隨軍攝影記者冒險至最前線
攝取內搜集有表揚我軍戰績之重要照片擇尤用最精美之
三色版印成明信片大小——
俾愛國人士藉信函之遞寄
以見我軍衝鋒殺敵之情形
倘若配製鏡框懸之壁間更得觸目驚心
永誌血戰月餘奮勇抵抗
恢復民族的生存底力量

本公司另有彩印明星藝術仕女風景等
各種明片每張定價三分每打定價三角

抗日急進會編

十九路軍血戰抗日之真相

中華民國二十一年二月五日出版

十九路軍抗日血戰之眞相目次

日本軍民着着向我壓迫
國民政府之忍辱
十九路軍之自衛救國戰
一月二十八日以來作戰概況

三　前線將領之救國精神

蔣光鼐總指揮
蔡廷楷軍長
戴戟司令
區壽年師長　沈光漢師長　毛維壽師長
翁照垣旅長

四 十九路軍抗日血戰意義之偉大

拯救中華民族

改變國際態度

痛懲世界罪魁

五 全民一致奮起救亡

三

十九路軍首創者陳銘樞氏

十九路總指揮蔣光鼐氏

在前線指揮之蔡廷楷軍長

警衞淞滬之戴戟司令

統率前敵之區·壽年師長

前線總指揮翁照垣旅長

序言

全國同胞，無論在上海的，或是在火線外遠地的，大家知道上海是在對日抵抗了。日本的砲火打到我們的頭上，日本人放火燒毀我們的房屋，慘殺我們的父母子女。火光燭天，屍體遍地，砲聲隆隆，這是多麼悲壯呵！我們爲國而死，與日本人拚死，死得雖然慘，但是死得壯烈！爲中華民國的生存而戰死，爲中華民族的光榮而戰死，死得痛快！這樣死得叫同胞起敬，繼起殺敵，這樣死得叫外國人起敬，以後不敢欺侮！

過去爲內戰而死，那真死得寃枉。無數同胞的頭顱只造成了少數誤國害民的軍閥。這是可恥。我們今後要掃除這種內戰之恥，決不爲

一

二

內戰發一彈，死一卒。

還有更傷心更可恥的，就是從日本九一八佔領瀋陽據有東省以來，少數無恥之徒抱不抵抗主義，看着日本一步步殺到我們家裏來！甚至於馬占山將軍孤軍抗日，東北義勇軍繼起奮鬥，還是隔岸觀火，坐視同胞一個個死在日人的砲火鉄蹄之下。這是何等傷心的事啊！

現在好了。十九路軍對日作自衛戰。國民政府一般要人也受了感動，决定遷都洛陽。全國軍界領袖也有真確的表示。尤其可喜的，就是我們所希望的『國民自動抗日』這種運動已成爲事實。各地民衆紛紛殺到前線，一同對日作戰了。

本會編印這本小册子的目的，在使全國同胞知道上海方面戰爭的經過，報告勝利的消息，宣揚我前線爲國而戰的將士，鼓勵我全民武裝起來。善於慘殺同胞的猛將，怯於抵抗强權的軍官，那是我們人民共棄的。我們要擁護崇拜的英雄必定是『民族英雄』。我們歌頌不是爲他們個人，是爲國家；我們擁護不是因爲他們做了軍長旅長，是因爲他們爲國而戰。以前恭維部落英雄的手段是吹牛拍馬，其目的是想升官發財。現在擁護民族英雄的辦法是把各人自己的性命交給他們指揮，一同殺敵；把各人自己的金錢貨物交給他們分配於戰士，一同殺敵；其目的在求爲國而死，爲國家求生存，爲民族求發展。

這幾天我們雖然大勝，可是日本的軍艦繼續不斷的進來 日本的軍人繼續不斷的補充。大難臨頭，不是隨便可以了結的，更不是什麽『無條件的休戰』可以和平的。日本和中國的問題不是外交條約的問題，是你死我活的問題。我們決不能讓，日本人是無止步的，我們不打

四

也是死，我們屈服，他們也是要打的。近來有人說『作戰至多不過亡國，不戰足以滅種』。這是很痛切的觀察呵！我們只有戰，我們只有戰死，只有死裏求生！

十九路軍和國民救國軍的勝利已經告訴我們了！爲國家爲正義，爲世界和平，我們的戰爭最後是勝利的。我們的軍隊目前已經集合有十萬人了。全國又在自動抗日。三島倭奴全體來也不怕，何況他們的軍人只能一船船的裝來。一船船的來，我們打沉他們的船！幾百幾千零零碎碎的來，我們個別擊破，殺他個片甲不回。我們一切都不怕，只要全民武裝上前線去！

全國軍隊和義勇軍拿起槍來對日本人放！

全國富翁商賈拿一切經濟的力量來助戰！

全國婦女組織看護隊，安慰受傷的戰士！

全國能寫文演說的人組織宣傳隊向國際報告消息，鼓勵國人上前線！

我們決心作長期的野戰聯戰，我們只要五千萬人準備着死，那日本小鬼必定破產！他們東方市場被破壞了，國內經濟更加恐慌，再引起列强的干涉。那他們就完了。我們的沿海境地和東北自然大受蹂躪，但是戰勝之後，大好山河仍是還我。過去的土匪都成了救國健兒，過去的軍閥貪官都受了淘汰，那我們的軍政上了軌道。大道開得平坦，重建新國的光明來了。那時候中華民國的領土完整，政治獨立，無須國際的保護，而完成了！

全國同胞，大戰已經到了，不容我們攷慮，不用我們過於悲觀或

五

六

者過於樂觀。十九路軍將士已在前線了！我們殺上去！抗日雪恥！爭得中華民國的獨立自由！

大中華民國二十一年二月一日謝承平作於抗日急進會

十九路軍抗日血戰之經過

日本軍民着着向我壓迫

日本要吞併中國，在田中『對滿蒙積極政策』中很明顯的表露了。日本人看不起中國的國民政府和軍閥，於最近本莊繁上日皇密奏裏更確定的明罵。我們自身覺得很無大力的抗日救國團體，可是日本的眼中釘，對於上海南京方面的抗日運動尤其痛恨，因爲抵制日貨一項對日本是一種打擊。因此日人運用在天津搗亂的手段又來上海重演，可是上海並無像天津那樣無恥的賣國份子甘受利用。於是日人自身暴動：

一月二十日日寇火焚上海三友實業社工廠，工部局華捕田潤生被

一

殺。下午日本居留浪人沿途搗亂，打商店街車，並傷二西捕。此事發生之後，日領事只向租界工部局道歉，對我市政府反說是日人報仇行爲。同時日陸戰隊示威。

廿二日東京內閣會議，對上海事件決定取適切之手段，由大角海相自由處置。幷命佐世保艦隊候令出發，以武力取締抗日運動。上海日總領事村井向吳市長提出立卽解散民衆抗日團體並担保嗣後華人團體或個人不再有抗日運動等要求後，日本海軍司令鹽澤復向市政府提出愛的美敦書，準備以武力爲後盾。廿四日由日調來巡洋艦，航空艦各一，驅逐艦四，加原有安宅，平戶，常盤，浦風四艦，統由鹽澤少將指揮。同日下午由旅順調滬航空母艦一艘。

廿六日，工部局受日指示，封閉上海民國日報，以其登載反日言論。

廿七日，東京海軍最高會議以上海事件嚴重，決定對付方法如下：(一)駐滬兵力不足時，遣派第二艦隊出動赴滬。(二)就地保護留滬日僑。(三)自吳淞至上海航路由日海軍確保。(四)在吳淞口外拘留一切華籍輪船。

日本一面決定强硬對我，由橫蠻的海軍省主持一切，派來軍艦飛機，逼我解散抗日團體，封閉我言論機關，一面各地日領發布勸告書，命在蕪湖，南京，鎮江，蘇州及杭州各地日人，限定一二日內，一律退離各該埠，而至上海聚齊，然後再行歸國。足見倭奴早有計劃要侵佔破壞我揚子江流域。具有對我宣戰之決心了！

三

國民政府之忍辱

上海市市長吳鉄城自接得日本哀的美敦書以後，十分焦急。同時全市各抗日救國團體紛紛開會，反對日本無理要求。吳市長急電南京請示，不得要領。繼又親自到京，與國府負責人員及外交當局討論此事，結果決定以保全上海治安，忍痛一時。加之上海銀行界少數領袖及若干同業公會表示，謂年關在即，上海爲全國經濟中心，一旦戰爭發生，影響太大。

二十八日市政府致日領復牒云：

逕復者，案准一月二十日大函略開，日本僧侶天崎，水上，信徒後藤，黑岩，藤村，等五名，於本月十八日下午，在馬玉山路附近被毆傷，提出條件四項，請求接受等因，准此。查本案發生，殊屬不幸，本市長深表歉仄，當日據報後，以案關傷害，法有明文，當卽嚴令公安局，限期緝兇歸案法辦，所有被害人等之醫藥及撫慰金，本市長亦可酌爲給予，以示體恤，至來函所提，關於取締抗日運動一項，現查本市各界抗日救國委員會，有越軌違法行爲，業經令行主管局，將該會取銷，以維法紀，關於類此之越軌違法行爲，本市長仍當本法治精神，令行取締，至其他各抗日團體，幷已令局，予以取銷，相應函達，請煩查照爲荷。

市府卽令公安社會兩局會同封閉各抗日團體。當夜兩局各派科員分六個區域查封。

一九一四年奧國皇太子在塞爾維亞被刺，奧國提出哀的美敦書，

六

其中有一條要求塞政府壓制反奧活動。塞國這樣的小邦尚不能承認，還以武力對付。現在日本和尚在中國被打，居然道歉懲兇而外，又承認取消抗日救國團體，同時自己承認『有越軌違法行爲』，這眞是爲世界任何國家所不能忍受，不能無恥忍辱。市政府祕書長親自送上復牒，日領表示滿意。但是口是心非，我們儘量屈服，日本還是要宰割我們！

日本進一步要求中國軍隊撤退閘北由日本代維持什麼治安。並且不容中國方面答覆，就開始向我攻擊了。其經過見於市府致各國駐滬總領事函云：

逕啓者，查關於最近中日交涉事件，本市長爲求和平解決，以保本市安寧計，業經完全接受日本總領事所提條件四項，並於今日下午一時四十五分，函復日本總領事，並已表示滿意，詎料今（二十八日）晚十一時廿五分 市公安局接到日本總領事信封一件，內附日本第一遣外艦隊司令官致本市長及公安局長公告各一件，略稱，帝國海軍，鑒於多數邦人，住居閘北一帶，爲維持治安計，欲以兵力配備該處，以負保安之責，本司令希望中國方面，應將閘北方面所有中國軍隊及其敵對設施，從速撤退等語，旋於卽晚十二時市公安局接到閘北報告，日本海軍陸戰隊，在該處開始自由軍事行動，向華界進攻，查日本總領事既經對本市政府答復，表示滿意，而日本海軍方面，突有此種軍事行動，殊堪詫異，所有破壞和平，妨礙本市安寧之一切責任，當由日方負之，除向日本總領事，提出嚴重抗議外，相應函達，卽煩查照，主持公道，實紉公誼，此致英（璧約翰），法（柯克林），美（克銀漢），意德（豐理德）國駐箚上海總領事。

十九路軍之自衛救國戰

一月廿八夜十一時十分日本陸戰隊即有小隊數十人，由北四川路底司令部，佔據天通庵車站。繼分數隊向我十九路防軍開放步槍數響。隨即分淞滬鐵路及虬江路兩方面向我軍防線衝鋒。

十九路軍自日本侵入東省以後，奉令調到，專負防衛淞滬責任。並且該軍勇於作戰，而且愛國觀念異常深刻。日來鑒於上海事件嚴重，日軍氣焰大盛，實在忍無可忍。但以國民政府軍政部無明令對日抵抗，只得靜待。並且政府常派大員痛說不能打戰之苦衷。在日軍攻擊以前，谷正倫部憲兵奉令前來，與十九路軍換防。當時佈防閘北至吳淞一帶之翁照垣旅部迫於上級命令，勢必服從，而日軍進壓，退讓亦與良心與天職大相違背。正擬遵命辦理時，忽受日軍槍擊，急轉之下，非戰不可。當時情勢萬分危急，雖未得軍政部明令，但本軍人護國天職，十九路軍將領會議，決定抵抗，於是開始作戰，爲中華民國爭生存，爲中華軍士爭人格。

日本軍以天通菴車站爲根據進攻閘北，與我軍巷戰，我方猛擊，日軍敗退。同時寶山路及京滬車北站兩方面小有接觸。

同晚江灣方面，日陸戰隊亦與我軍第七十八師第六團交戰，亦爲我擊退。

同夜十時許日艦十三艘駛向三夾水，向我吳淞砲台轟擊，發砲三十響，但未損我砲台。

一月廿九日，淸晨三時許，攻天通庵火車站之日軍，全告覆沒，並獲得鐵甲車三部。移時，日本又有一隊來攻，我軍復應戰，日軍不支而退，於是天通庵車站復爲我奪回。是役我軍傷十餘人而日人死傷則達百人之多。

北四川路一帶巷戰，以川公路與阿瑞里對面吟桂路爲最烈。至午前十一時半，以該路日本小學校爲根據地之日軍已全數退出，雙方死傷均不少。

上午十一時至下午二時，日軍向北車站進攻，我軍還擊，日軍敗退入租界死傷四五百人。我軍乘勝進占日陸戰隊司令部。

我國軍隊損失雖較小，但民間損失極大，以日飛機投炸彈，焚毀房屋。日軍既炸毀潮州會館，復炸北南林里、天保里，商務印書館工廠，北火車站一部及棧房，均成灰燼。新疆路新民路之間有仁安里及一百間，先後經日軍擲彈二十餘枚，毀屋百數十間。又寶山路虬江路南之房屋，因受日軍機關槍砲彈之射擊，致焚毀甚巨。自晨二時起至六七時始止。滬北火光燭天，如火山對峙，慘不忍睹。商務印書館爲文化機關，北站爲交通要津。受此重大損失，殊堪痛心。

一月卅日，日軍屢攻北站，爲我軍擊退，又追出海甯路。駐崐山路虹口公園之日軍二百名，突被我軍一連，出其不意，全部包圍，將其鎗械全數繳出。並在六三花園中奪得飛機三架。

北四川路方面之日軍自阿瑞里敗退，竄入蓬路，已不成軍。

截至是日下午四時，雙方交戰火線，自寶山路口起，經靶子路，沈家灣，虹口小菜場，狄思威路，以迄楊樹浦，因係巷戰，雙方距離甚近。兩日中，我軍殺敵一千餘名，我士兵傷亡三四百人，擊敵飛機四架，坦克車三輛。

日正式軍隊既失利，於是利用日本浪人組織便衣隊到處殺人放火。

英美領事鑒於此次戰爭意義之重大，除一面各向本國政府請示辦法外，暫時嚴守中立態度。但爲縮短警戒區起見；自動放棄蘇州河以北之公共租界，任中日兩軍自由作戰。

日軍自閘北敗退入引翔鄉後，北四川路一帶，統由日本浪人把持交通。該便衣隊纏紅白布帶，動輒開槍殺人。居民被刺死槍斃者達七八十人。蓬路日人俱樂部內聚浪人，專事暗殺華人，華服華語，見華人經過，即誘入內，挖目後，易以日本服，欲以此作反宣傳。

日軍拋硫磺炸彈，四處焚燒。本日下午虬江路北首大德里，又奥迪安大戲院及其鄰近 都遭大火。

日軍旣敗，殺人放火，並在租界內空中亂拋炸彈，於是失去國際同情。英美法領事紛紛抗議。日軍不得已，於是向我方暫請停戰，以待援軍。日副領親到市府要求，同時又請出英美兩領事出面調停。我方答覆先決條件，必日軍先行撤退，然後商停戰。不料當英美兩領事正奔走接洽時，日軍又復開槍，足見日軍之不顧信義，詭計多端。

我蔡廷楷軍長，曾對工部局警告，租界中立區內不應允日人爲作戰根據地。如日軍不出租界，日飛機再任意飛行，我國軍隊當向租界方面射擊。

一月卅日晚，我軍與日軍在虹口靑雲橋及瀏河各處小有接觸，日軍敗退。

日飛機十七架今在空中示威，二架至真茹被我軍擊落。

英美防軍司令出任調停，贊同我方提議，以日軍先撤至租界線內爲條件。但日司令裏須請示政府，三日後始能答復。同時東京政府決派陸軍赴滬，並開陸海軍巨頭聯席會議，討論具體辦法。

連日戰爭，日軍兵力計有陸戰隊二千名在鄉軍人及武裝便衣隊三千名，總共兵力五千。我軍連日任前線實際作戰，只七十八師第五團所部，迨前日日軍進佔北站，我軍始增一營，參加衝鋒，日軍兵力實倍我軍，且有飛機軍艦助戰，然卒爲我軍所敗，可見日軍戰鬪力之薄弱，據蔡軍長語記者，現十九路軍全部，已次第集中，日軍如仍不悟，縱增調數師團來，以十九路軍將士具必死之心，亦不足一擊。

前線將領之救國精神

在淞滬一帶與日寇前線拚死的將領，直至落筆之時，都爲十九路軍的官長。原來十九路軍受陳銘樞之領導訓練而成勁旅。此軍之特色，在其份子精幹，曾受精神教育，且紀律嚴明，富於戰鬥經驗。於中華民國二十年七月，十九路軍奉令調到江西，爲剿共主力軍。江西高興圩之役，該軍以兩團大敗共匪五萬之衆。因蔡廷楷軍長指揮有方，使共匪不能出江西而進窺武漢，實是中國一生死關鍵。

自九一八日軍侵占東省以後，十九路軍來衞京滬。以抗日救國爲其精神教育之主旨。全體士兵深受感動，救國忠勇，更爲奮發。聞此次在正面作戰之翁旅，每天早起夜眠之時，高呼「團結一致，反抗日本」口號，以養士氣。

一月廿九日十九路軍淞滬警備司令部在龍華通電，充分表現其忠勇救國之精神。其電文句句有力，字字有血，是值得全國同胞熟讀能誦的一頁民族光榮史：

暴日佔我東三省版圖變色，國族垂亡，最近更在上海殺人放火，浪人四出，世界卑劣兇暴之舉動，無所不至，而砲艦紛來，陸戰隊全數登岸，竟於二十八夜十二時，在上海閘北，公然侵我防線，向我挑釁，光鼐等分屬軍人，惟知正當防衛，捍患守土，是其天職，尺地寸草，不能放棄，爲救國保種抵抗，雖犧牲至一卒一彈，絕不退縮，以喪失中華民國軍人之人格，此心此志，可質天日而昭世界，炎黃祖宗，在天之靈，實式憑之，十九路總指揮蔣光鼐，十九路軍軍長蔡廷楷，淞滬警備司令戴戟叩豔。

除上述全體將士的精神外，再就編者探訪所得，對於各個前線將領之救國精神，奮鬥小史，略加介紹。

蔣光鼐氏，現任十九路軍總指揮，廣東東莞人。現年四十五歲。短小精幹，足智多謀，曾任十九路軍第六十一師師長。最近養痾醫院，屢徵不起。此次抗日，一得戴戟司令電話，力疾驅車趕至。其愛國之精神可佩。

蔡廷楷氏，現任十九路軍軍長，廣東羅定人。現年四十三歲。身經百戰，未嘗敗北。在江西剿共時，每戰必身先士卒，頗得信仰。世人尊之爲神勇大將軍。此次抗日，氏在前線指揮，早具爲國捐軀決心。事先與其妻話訣，處分後事，以示必死。在眞茹對士兵訓話，激勵忠勇救國之氣。戰時又召集將士，插血爲盟、以死報國。此種不畏强暴之精神實是絕無僅有。本會及上海市民代表袁道豐諸先生至前線慰勞將士時，蔡氏對袁等發表談話云：

「余乃以國民資格，盡國民義務，不辭勞苦、不避犧牲，只求有利於國，不計其他。」澈底無個人自私自利升官發財之思想，實爲新國家愛國軍人之榜樣。

戴戟氏，現任淞滬警備司令，年四十一歲，安徽旌德人。曾任十九路軍第六十一師師長。江西剿共匪時，任右翼集團軍總參謀長。善於練兵，精於策劃。有魄力，且具鎮定工夫。抗日作戰之前，氏親立遺囑，並送其妻子於李立民家，龍華通電係其親筆。毀家救國，舍身守土，實爲表率人物。

區壽年氏，現任十九路軍第七十八師師長，廣東羅定人，現年三十三歲。江西剿共時屢建功勳。日常訓練士兵重在誓死救國。此次對日作戰，氏直轄軍隊首當其衝，部下多忠勇之旅團營長。氏佈置調遣，指揮合宜。

六十師師長沈光漢，六十一師師長毛維壽，均在後方待命，準備，隨時開到前綫作戰。

翁照垣氏，現任十九路軍第七十八師一五六旅旅長　廣東惠來人，現年四十歲，畢業於日本陸軍士官學校，旋留法習航空。畢業後經英德意諸國考察航空，其本身實爲一極精幹之飛行家，去年歸國後，任廣東保安隊第四團團長，七月調升國民政府警衛軍第二師第四旅旅長，旋調現職，此次任爲前線總指揮，兼義勇軍副主任，翁氏體格魁梧，態度沈着，富於謀略，而勇敢過人，此次與日軍激戰，俱親臨前線指揮，策劃佈置聞得其參謀長丘國珍運籌帷幄之助不少。對記者談話云「此次與日軍作戰，屢戰屢勝，非我十九路軍之力量，實民衆之力量，民氣卽是士氣，民力卽是軍力，觀諸數日來閘北民衆，爲我軍炊爨服務，爭先恐後，此語益可徵信，在昔我國人常以日軍可畏，謂日軍一人可當我軍十人，此種觀念，殆已普遍而深入人心矣，乃證諸日來戰事，則適得其反，不僅日軍未能以一比一，反之，我軍能以一敵數，打得日軍屢戰皆挫，足見我國軍氣之强旺爲如何，近來備蒙各界來此慰勞，並犒需品，却之未敢，受之有愧，謹代我前線軍士、對各界同胞，致最誠懇之謝意，此後當更本初旨，努力殺敵，無論犧牲至何程度，必須流血到最後一滴，以保我中華國土，及民族光榮，」末後，翁將軍又以閘北難民衆多，深爲憐惜，言時嘆息不已，隨卽囑記者轉交朱子橋，許世英，王一亭，諸先生一函，請彼等在最短期內設法，將此數十萬難民，送往內地，免被暴日炸殺，翁將軍愛護難民之誠意，於此可見一斑矣。

十九路軍抗日血戰意義之偉大

十九路軍抗日血戰，其意義之重大，不僅在該軍能盡守土衛國之責，打倒無恥的不抵抗主義，尤其在積極方面痛懲世界禍首，爲人類謀和平，改變國際觀感，使其對華尊敬；從此可以一雪百年來之奇恥，振興中華民族，使我國走入獨立自由之境地。

拯救中華民族

自九一八日軍侵占東省以後，全國對抱不抵抗主義之無恥賣國軍閥異常憤恨，黨國要人雖有共赴國難之會議，結果爾虞我詐，不能合作，西南東北幾呈分裂之象，甚至有軍閥割據之勢，同時一部份失意政客，尤其江西湖北兵匪躍躍欲試。吾人正恐混亂局面益發不可收拾。十九路軍霹靂一聲，奮起抗日，使我山河由破碎而復趨於完整，使政府諸公較爲團結，外交較爲强硬，軍事轉以對外，使我民衆愛國運動由口頭宣傳進而爲實力救國。

首先從軍事方面說：

已參加戰爭者（一）中華民國國民救國會義勇軍。推張子廉王漢良任委員長。總指揮爲洪嘉謨，副指揮劉慕蘇。（二）市民聯合會各區義勇軍，以王屏南，王肇成爲正副指揮（三）退職軍人義勇軍（四）各學校之學生義勇軍及救護隊。（五）童子軍戰地服務團。

正在來滬之援軍有（一）南京中國抗日救國義勇團鐵血軍（現已抵前線參加作戰）（二）馮庸大學義勇軍（三）廣州航空隊

各方軍人之表示（一）蔣介石通電全國軍人，枕戈待旦。（二）粵方電請積極援助十九路軍，反對妥協（三）張學良召集將領會議，討論辦法。（四）吳佩孚請東北軍事當局出關抗日，武人萬勿在外人保護下活動。（五）韓復渠表示與蔣光鼐合作對日。

馬占山將軍新任吉黑聯軍總司令，以吉黑軍及東北義勇軍得滬戰消息，異常興奮，誓於一月內收復東北失地。

其次說內政外交方面，國民政府認十九路軍之自動抗日為正當自衛，予以援助並於一月卅日通電國內外遷都洛陽其電文之一部有云：

夫日本所以繼續使用此等暴力政策，且進而愈厲，其用心不過欲威脅我政府使屈服於喪權辱國條件之下，政府受國民付託之重，惟知保持國家人格，尊重國際信義，決非威武所能屈，惟有堅持原定方針，一面督勵軍警從事自衞，決不以尺土寸地授人，一面仍運用外交方法，要求各國履行其條約上之責任，日本此次濫啓兵端，破壞和平，不但中國領土主權、遭其損害，舉凡華盛頓九國條約國聯盟約凱洛格非戰公約亦爲之毀棄無餘，政府深信中國對於此等暴行有正當防衞之權利與義務，同時深信各國爲維持世界和平及國際信義，亦必不能坐視，茲者政府爲完全自由行使職權，不受暴力脅迫起見，已決定移駐洛陽辦公，望我各省區行政長官及軍隊長官，同心協力，各盡所職，以靖地方，而安人民，尤望我全國民衆，以勇毅沉着之精神，共赴國難，勿囂張勿畏葸，務使暴力無所施，正義得以申，國家安危，悉繫於此，願共勉之，國民政府主席林森，行政院長汪兆銘。

政府雖有决心抵抗之表示，但國民方面仍嫌其軟弱。中央大學教授嚴重警告政府：黨國要人不得畏縮。卅一日外交部及宋子文陳公博等表示，對日抵抗不是對日宣戰，足見政府方面尙不如我國民之不願停戰，只願死裏求生。

至於民衆領袖之表示，見於上海各界救國聯合會議，其一致主張爲「停止內爭一致對外」。温宗堯，葉濤聲，黃任之，陳啓天諸氏分電全國，主張國難會議從速集會，組織國防政府，正式對日宣戰。最後，民衆團體救國之活動，更足以表現我全民誓死救國抗日到底之精神。

市民代表王曉籟杜月笙等組織上海地方維持會，保持治安，維持

二七

金融市面，並救護災民。

朱子橋將軍等發起組織上海戰區難民救濟會，設收容所，救濟戰地難民。現已成立收容所五處。地點爲：(一)清涼寺(新閘路)(二)國恩寺(三)亞爾培路(四)覺園(五)居士林已收容婦孺將近萬人。婦女團體及醫師自動組織救護隊，赴前方服務。

商會議決罷市以促起國際注意，幷代各界徵集慰勞將士之物品，代收捐款。

工會有總罷工之決議，日人工廠早已自動停工。卅一日交通阻隔，汽車電車停駛。

上海各大學教授抗日會除派代表慰勞前線將士外，並派代表向外領交涉，不許日軍以租界作根據地。各大學學生聯合會及中學生聯合會，一面監督政府，反對妥協外交，一面徵集義勇軍看護隊往前線服務。

至于農民方面，多在後方，一時尚無聯合活動。有日飛機墜落引翔鄉，農民見及，即以鋤頭將飛機打成片片而去。後方加以組織，民團必爲最有力之抗日軍。

全國律師公會亦頗熱心，曾推代表向外領交涉，依法理反對日軍之在租界內及空中之横暴行爲。

一月卄一日中華民國國難救濟會及上海各大學抗日救國會共同發起，聯合上海各公團，組織各團體救國聯合會。把救國的力量，集中起來。已於卄一日下午開了一次代表大會。與會團體共有三十餘。當推定國難救濟會各大學抗日救國會抗日急進會市商會民治協會等十九團體爲臨時理事。現臨時理事會已開會三次，積極進行救國工作。

改變國際態度

英國對於上海事件之整個的態度尙難明瞭日本初侵東省時，英國反日空氣甚濃。最近以我國外交當局方針時有改變；英國態度，亦隨之不定。一月卅日駐日英大使林德賽照會日外相芳澤，促其注意於英人生命財產，因日人在上海行爲而受之危險，並抗議日本以公共租界爲進攻之根據地，並謂日政府運用種種努力，在可能的最早時期內恢復尋常狀況。抗議如此，但日軍逃退時，英兵開栅欄納入租界，又有袒日之嫌。

美國對日態度亦在未定之天。美國政府曾以關於華日外交之文件送交參議院，最近當有公開之最後決定。美國駐滬領事與英領對日在租界內行爲提出共同抗議，馬尼剌美艦隊準備全部開滬。但該司令只說來華保護千名美僑及公共租界，對於日軍行動不願發表意見。胡佛總統亦在嚴重攷慮上海事件。但參議員波拉接各和平團體主張全世界對日抵制之電千餘通後，今日答覆，謂抵制日本之宣佈，易爲導成戰爭之第一步，無論世人對於日本在上海可悲的時局中之行爲作何感想，要不宜主張抵制云。（三十日路透電）

法國態度只消極否認與日有約．不承認以援助遠東事件爲將來軍縮會議之交換條件。自謂法國領事參加領事團會議，同樣有保護租界之責任。

蘇俄態度，以其五年計劃和平建設爲主要，並妨止白俄之活動，其主張見蘇聯共產黨第十七次大會開幕時，人民委員會主席摩洛多夫發表宣言，中有一段，特別涉及遠東事件，大意云蘇聯新舊兩種五年計畫中所定之經費，完全用於和平建設，蘇俄所行者，係和平政策，無如遠東發生之事變，使吾人不能不嚴重注意以防資產階級之好戰者，乘我不備，如滿洲之白俄，竟公然從事於分裂計畫，而欲倚仗外國之力，以建設一緩衝國，吾人對於此等威脅，不能袖手旁觀，觀于最近在中國發生之事變可見帝國主義者如何從新引起戰事，其特別之點卽和平與戰爭之區別，已漸消滅，吾人不能爲空言所誤，而應證明吾人確有必要之準備，以保護吾國生存有關之利益云。

上海租界工部局對暴日亦難于應付。日機投彈租界內，雖經抗議後已不飛行。但日軍仍以租界爲根據地，並不允立卽停戰之調停。公共租界工部局正與各國領事軍官及中國方面商議租界中立問題。萬國義勇團日團員參戰，日軍並槍殺華捕；頗引起工部局之不滿。日人在租界附近焚屋　工部局甚為憂慮。

國際聯盟，在我軍抗日後，亦有一番新花樣。以前要發表一篇無法理上的價值之宣言，說明「滿洲門戶開放政策之重要。」現在國聯請英法德意四駐華公使調查滬案情形。並令西班牙，挪威，英，法，意，等盟員國代表組成上海調查團。其結果又不外發表一部份報告而已

痛懲世界罪魁

日本侵吞東省，佔有世界最富的區域，已經引起國際的驚異，但因各國自身困難太多，無可如何。最近又在長江流域示威，只以我國過於軟弱，自甘屈服，所以英美各國無話可說。此次我十九路軍奮勇

自衛對日寇迎頭痛擊，不特國人稱快，國際亦表敬意。上海不比他處，是東方第一商場，關係國際貿易；尤其是英美投資於長江流域，不能坐視日人蹂躪。

日本對於英美的抗議是不敢不尊重的。日外相芳澤於一月卅日答林德賽大使，謂渠完全諒解英政府所感覺之惶慮，日本當行其所可爲者，不危害英人生命財產，並不以公共租界爲進攻根據地。同日駐美日使出淵奉諭正式向美政府重行聲明日本尊重上海公共租界之意。

芳澤卅一日下午邀請英美法大使至外務省談話，以期銷除過慮與誤會，請諸使轉請各本國政府辦理此事，用其勢力，勸喻上海華軍撤退，旋以談話要點告知外報訪員，並莊重聲明曰，若非中國停止派援至滬，或華軍退至平安之距離，則不特日陸戰隊之地位，即公共租界亦將處於絕大危險之中，聞日本歡迎國聯調查委員團調查上海之狀況，據外交省發言人今日聲稱，日本願國聯得見眞相，該員又隱示日本不能承認此種委員團之建議有拘束力，

日本當局可謂極盡哄嚇詐騙之能事。但其詭計只能施於遠地，不能掩盡滬上外人之耳目。

美總領事克甯瀚英總領事白理南，已爲保護租界外人利益及維持租界中立事，會晤日當局。卅日，兩領事各以照會三份，致日總領事村井，對日本擴張其防兵至公共租界條約所定界綫之外，表示憤懣。

同時英美士兵不時因日軍衝入租界發生小衝突。日本不敢得罪英美，在外交上一面撤謊，一面苦於應付。但須注意者，日本善於宣傳，收買外報，亂造謠言，我方不免受其危害。

在軍事上迎頭受擊，使日本感受之痛苦較外交上困難尤大。日本人想不到東三省如此易於佔領，亦想不到上海方面如此難於攻進。日軍傷亡千人，司令部被佔鉄甲車飛機被毀，在軍國主義之日本認爲極大損失，在國際上尤失體面。同時日人殺人放火，徒暴露其殘酷無賴之面目，而激起世人之憤恨。

經濟上的損失，使日本全國恐慌，日人所以積極干涉我國抗日抵貨運動，其主要原因亦在此。年來日本失業問題頗爲嚴重。現金出口，時禁時解，日政府手慌脚忙。此次侵略我東三省，已增加二千萬元軍費。最近又向法國借款，法國某銀行團以法蘭西銀行爲領袖者，允以八萬萬法郎貸與日本，此款之大部份用以付日本在法所購軍火之貨款。同時由橫濱正金銀行運美金五百萬元，隨後將續運一千三百萬元，向美國購買軍火。

日本是暴發戶。現在既與我作戰，自己毀滅東方市場，日本在華工廠停工，我國不買日貨，同時日本國內經濟恐慌，借外債，買軍火，如此情形延長半年之久，日本必全國陷於破產之境。

日本如不顧世界指責，一意橫行，必遭世界打擊，其最好之結果最多如一九一八年德國之下場。我國要全國武力抵抗，使日本對我戰線延長，遣兵運械，不勝其忙，時日愈多，日本工業日漸衰落，國民經濟日見窮困。內虧外裂，日本三島終有沉沒之一日。如此，不特為我中華除暴寇，為東亞奠和平之基，且為世界殺禍首，除罪魁！

全民一致奮起救亡

馬占山將軍既打倒不抵抗主義於前，十九路軍又敗日寇於後。全國同胞於此應明白禦侮求生，正義所在，戰必勝利！國民政府在形式上既已遷都洛陽，當更進一步集中人才組織國防政府，對暴日作有系統有充分準備之抵抗。甯可使我全國盡成焦土，使我全民盡成槍下鬼，決不訂立喪權辱國之條約。政府須具決死之心，須有自信之力，勿生畏縮妥協之念。我全國國民一面督促政府，誓不示弱於敵，致貽萬世之羞。一面親身參戰，或毀家救國。務使我中華民國爭生存，求自由之戰得最後勝利。

溫宗堯等主張（一）調各省勁旅守沿江沿海（二）組織國防政府（三）

，實行全國動員。陳啓天等主張爲十九路軍請援，（一）望同胞監促政府增援，（二）喚醒同胞抒財獻力。曹錫等籌備後方服務隊。以上主張都爲急須進行之要圖，爲我全民一致救亡之急務。茲錄三通電文於後，以供我全國愛國志士之參攷，羣策羣力促其實現。

全國國民暨各團體公鑒，日人侵占東三省，志猶未厭，本月念八夜，突以陸戰隊從上海租界進攻閘北，我十九路軍隊，忠勇奮發，誓死抵抗，我國民對於十九路軍，真應馨香禱祝，惟兩國軍隊既已正式接觸，日人之再接再厲，蓋可斷言，南北兩方同蒙慘禍，我國民如不一致起爲作戰準備，將何以對此忠勇之將士，同人等以爲今日應付方法，應（一）立卽確定對日持久抵禦之計，抽調各省勁旅，扼守沿江沿海各地，以防日本運兵登陸，尤應將交通路線，嚴密保護，以利軍事上之聯絡，（一）立卽集中全國人才，不分黨派，組織國防機關，（二）效法歐戰先例，立卽實行全國各項之總動員，凡屬國民，必須盡以所有所能，供獻國家，方足以挽危運而恢復國家人格，事機急迫，亟起圖之，溫宗堯，張耀曾，張嘉森，章士釗，彭允彝，沈鈞儒，諸青來，陸鼎揆，王造時，吳經熊，李徵壆，郭虞裳，叩陷。

全國同胞公鑒，自東北淪陷以來，政府以隱忍苟安為政策，倭寇肆得寸進尺之獸行，襲擊天津，擾亂青島，壓迫福州，近且威脅及於滬濱矣，海艦陸隊，接踵而來，無理要求，層見疊至，是而可忍，孰不可忍，政府雖多方忍辱，允其要求，但抗日之團體方告解散，而倭寇之毒彈利刃已加諸我同胞血肉之軀矣，幸有駐滬十九路軍將士激發愛國之熱情，恪盡守土之天職，浴血衝鋒，枵腹鏖戰，屢摧强寇，為國爭光，惟同人有不得已於言者，此次暴日入寇，抵抗固危，不抵抗尤危，與其圖苟安而仍不免於危亡，何如犧牲一切，從奮鬥中爲國家民族謀生存，上海爲世界視線之所集，逼近首都，關係全國，此處不加抵抗，惟有束手待亡。所慮者，敵援齊集，必圖反攻，孤軍苦戰，終難久持，惟望全國同胞一方起而督促政府火速調兵赴援，一方喚醒社會，抒財獻力，踴躍接濟，庶無負我十九路忠勇殺敵，爲國犧牲之精神，覆巢之下，斷無完卵，甯爲玉碎，勿作瓦全，同胞乎，救國自救，此其時矣，陳啓天左舜生劉天予全叩刪

前線作戰正烈，後方需人服務之處正多，同人等自願赴後方從事宣傳，募集物品，及輸送事宜，凡願加入工作者，請向環龍路上海坊三號，極司非而路中涯坊四號，等處接洽，發起人王克仁，邵爽秋。

淞沪抗战史料丛书

第一辑：上海抗日血战史／何天言编
第二辑：上海事变与报告文学／南强编辑部编
第三辑：上海市民地方维持会报告书／上海市民地方维持会编
第四辑：十九路军六十一师百廿一旅淞沪抗日战记／张励编
第五辑：淞沪御侮记／沃邱仲子著
挥戈录：上海战事记载／民声出版社编
十九路军血战抗日之真相／抗日急进会编
第六辑：上海抗战／贾开基编
淞沪血战面面观／刘子清编
空军抗战纪略／吴亮夫著
远东第一次空中大战记／战时读物编行社编
第七辑：沪难与日本／佚名著
淞沪和战纪事／佚名著
第八辑：战地摄影／李尊庸编
庙行镇战记／赵寒星编
淞沪抗日战役第五军战斗要报／佚名著
商务印书馆通信录国难特刊／商务印书馆编
第九辑：十九路军血战全史／高慎行编
一二八两路创痕／佚名著
一二八的一些纪念品／淞沪警备司令部编
第十辑：军中随笔／谢冰莹著
东战场上／华之国编
上海前线／李女编
大江南线／曹聚仁著
东线血战记／曹聚仁等著
别动队在浦东／郭兰馨著
第十一辑：沪战实录／杨纪著
上海抗日血战记／李剑翁编
淞沪抗日之血痕／詹宝光著
第十二辑：闸北七十三天／胡风主编
淞沪火线上／范长江主编
上海抗战记／郭沫若等著